L’AUTRE GU

CW01603843

ÉRIC DENÉCÉ et CLAUDE REVEL

L'AUTRE GUERRE DES ÉTATS-UNIS

Économie : les secrets d'une machine de conquête

ROBERT LAFFONT

© Éditions Robert Laffont, S.A., Paris, 2005
ISBN 2-221-10368-8

Introduction

La tentation impériale ?

Nul État n'ordonne aux autres
s'il ne possède les moyens de les contraindre[1].

Les échanges internationaux sont aujourd'hui réputés obéir à la libre concurrence. Cependant, toute entreprise opérant hors de son pays sait que le soutien de son État reste une condition essentielle de sa réussite, en particulier dans les grands contrats internationaux. Par soutien, il faut entendre toute la gamme des appuis et non pas seulement l'aide financière, qui s'exercent selon l'art et avec les instruments traditionnellement réservés à la diplomatie classique.

Réciproquement, la plupart des États savent que leur puissance globale est de plus en plus liée à la performance de leurs entreprises et à la capacité de leur économie à s'insérer avec succès dans le commerce mondial. C'est ainsi que, depuis le début des années 1990, nombre d'entre eux ont développé des diplomaties exportatrices ou économiques, afin de soutenir leurs entreprises dans leurs actions de conquête des marchés. La nation la plus avancée en ce domaine est les États-Unis.

1. Raymond Aron, *Paix et guerre entre les nations*, Calmann-Lévy, 1984, p. 84.

Jusqu'à la fin des années 1980, le dispositif américain s'est caractérisé, malgré sa puissance, par un déficit d'efficacité collective, illustré notamment par la faiblesse des synergies entre l'État et les entreprises. Longtemps, les acteurs économiques américains se sont livré une concurrence acharnée sur leur propre marché intérieur, ce qui a entraîné une cécité stratégique vis-à-vis de la concurrence internationale, en particulier asiatique (Japon et « Tigres »). Par ailleurs, le PNB américain, qui représentait 30 % du PNB mondial en 1950, n'en représentait plus que 25 % un demi-siècle plus tard. Parallèlement, le poids du commerce extérieur dans le PNB américain s'accroissait régulièrement. De 10 % en 1980, il passe à 15 % aux alentours de 1995 et atteint aujourd'hui 25 %. Ainsi l'économie américaine s'est-elle trouvée dans la nécessité de se battre sur les marchés internationaux de biens et services, puis de maintenir et d'élargir ses positions commerciales.

Au début des années 1990, diverses réflexions ont été conduites sur la perte de compétitivité de l'économie américaine et des propositions ont été formulées afin d'y remédier. Rapidement, les questions économiques se sont affirmées au premier rang des préoccupations américaines de sécurité de l'après-Guerre froide. L'administration Bush I (1989-1993) a été la première à entamer le débat sur la « guerre économique » en jetant les bases d'une politique de sécurité économique du temps de paix qui a provoqué une réorientation majeure de l'action extérieure des États-Unis. La tendance s'est accentuée sous l'administration Clinton (1993-2001), qui a fait de la sécurité économique et de la conquête des marchés extérieurs le premier objectif de sa politique étrangère. Synthétisant les réflexions et pratiques précédentes, s'est alors structuré un système d'« intelligence économique », fondé d'abord sur une vision, ensuite sur des outils. L'administration Bush II (à partir de janvier 2001) n'a pas fondamentalement changé la ligne dans ce domaine. Ainsi s'est mise place une politique d'*Advocacy*, soutien plus ou moins visible, multiforme et transversal de l'État à ses entreprises opérant à l'étranger. Multiforme, car elle utilise des moyens nombreux et très divers ; transversale car « *Advocacy is not just an activity ; it is also an attitude... a preoccupation throughout the Administration*[1] ». L'*Advocacy Policy* intègre le secteur privé et, de plus en plus, la société civile (organisations non gouvernementales, *Think Tanks*[2]...) de manière que l'ensemble des acteurs américains jouent en équipe.

Depuis vingt ans, l'Amérique a profondément réorganisé son économie, libérant massivement ses ressources d'innovation et de productivité, s'assurant un puissant dynamisme entrepreneurial et une position de leader dans le domaine de l'information et de la communication[3]. Présentée à l'origine comme un

1. Jeffrey E. Garten, sous-secrétaire d'État au Commerce, « Competing to win in the global marketplace », devant le *Council on Foreign Relations*, New York, 9 janvier 1995.

2. Les *Think Tanks*, littéralement réservoirs à pensée, sont des organismes producteurs d'idées, de doctrines, de concepts, de propositions... financés par les entreprises ou les partis politiques.

3. Bruno Durieux et Patrick Messerlin, *Relations commerciales France-États-Unis. L'Amérique telle qu'elle est,* préface, CCE/Éditions d'organisation, 2003, p. XXIII.

moyen de développer la prospérité américaine par des emplois nombreux, qualifiés et mieux rémunérés, la politique de soutien à l'exportation est devenue de manière ouverte une stratégie de conquête des marchés mondiaux, mais aussi de maîtrise de la mondialisation, notamment à travers l'imposition des normes et des règles du jeu qui régiront le monde à moyen terme. Du coup, elle couvre des champs très vastes où économique, politique, militaire et culturel sont étroitement confondus, tant dans les objectifs que dans les moyens. C'est typiquement le cas de l'intervention américaine en Irak.

Quel que soit son champ, cette stratégie de conquête des marchés mondiaux est menée avec les outils adaptés à la nouvelle société internationale en cours de structuration. Les concepts d'influence, de renseignement et de traitement (voire de manipulation) de l'information, toutes notions d'intelligence économique, sont réellement mis en pratique par l'administration américaine. Ses élites ont très vite compris les enjeux d'une maîtrise de l'information au niveau mondial, à la fois par ses canaux et son contenu, ainsi que la nécessité d'actions coordonnées entre l'administration et les divers acteurs économiques.

La stratégie américaine de conquête économique ne concerne pas seulement l'obtention de grands contrats. Les Américains – secteurs public et privé confondus – ont également développé une capacité à générer des concepts opérationnels (bonne gouvernance, transparence, etc.) et à les promouvoir avec succès dans les enceintes normatives internationales (Banque mondiale, OCDE...). Ils ont compris avant les autres pays que se joue actuellement la bataille pour la mise en place des règles du jeu des échanges mondiaux, autrement appelée normalisation. Du coup, ils ont commencé à la formater tandis que les autres suivaient plus ou moins. Si l'on en juge par l'influence opérationnelle qu'ils exercent dans les enceintes économiques internationales publiques et privées, les Américains savent beaucoup mieux manier le multilatéralisme qu'on ne le présente généralement. Qu'ayant appréhendé tous ces enjeux avant les autres, voire contribué à leur émergence, ils préconisent une normalisation internationale selon leurs intérêts n'est guère blâmable. Ce devrait même être le cas de tout pays.

Cette volonté est soutenue par des politiques plus larges : interventionnisme de l'État en matière de recherche fondamentale et recherche-développement, d'action antitrust, de définition des normes, d'appui aux PME et à l'innovation. La capacité américaine à attirer les futures élites étrangères, à les former à une culture qu'elles répandront ensuite chez elles et à en conserver une partie sur leur territoire – notamment parmi celles issues des pays en développement – constitue également un atout. Certains voient une faiblesse dans l'importance des élites d'origine étrangère qui contribuent à la puissance américaine. Nous y verrions plutôt une force, même si nous en reconnaissons le caractère en quelque sorte déloyal vis-à-vis des États d'origine.

Pour comprendre le dispositif américain de conquête économique internationale, il est indispensable de présenter le contexte qui l'a généré. C'est en effet en raison des transformations radicales de l'environnement, depuis le début des années 1990, que les États-Unis se sont interrogés sur leur place dans le monde en évolution. Leurs analyses les ont amenés à comprendre qu'en raison des bouleversements géopolitiques et techniques – la disparition de l'URSS, la montée en puissance de l'Asie et la révolution de l'information – les règles du jeu allaient être totalement transformées. Avec elles seraient remis en cause les fondements mêmes de ce qui fait la puissance d'une nation. Cela a donné lieu à une profonde réflexion sur le rôle qu'ils entendaient jouer dans le monde et sur les outils dont ils devaient se doter afin d'y parvenir. Il en est résulté un véritable redéploiement de puissance, dont nous mesurons, chaque jour, les effets.

Après avoir rappelé le nouveau contexte international et ses mutations récentes, puisque ce sont eux qui ont conduit les États-Unis à réévaluer leur rôle au XXIe siècle, nous nous attacherons à présenter les fondements du messianisme américain et les modalités de la nouvelle stratégie « intégrale » de sécurité et de puissance de Washington. Nous nous consacrerons ensuite à décrire dans le détail la politique d'*Advocacy*, ses objectifs et les acteurs qui interviennent dans sa mise en œuvre.

Nous poursuivrons par une description des méthodes et moyens de la diplomatie économique américaine, lesquels s'organisent naturellement – de l'amont vers l'aval – autour du déroulement des contrats internationaux. En amont de ceux-ci, l'influence et le conditionnement des marchés sont très pratiqués par les États-Unis. Ils s'exercent par le droit, les normes, l'imposition de règles de conduite, l'action bilatérale et multilatérale. L'Afrique, nouvelle cible à long terme de ces stratégies, en est un cas pratique actuel qui mérite d'être détaillé. Mais la maîtrise de la mondialisation va plus loin que celle des marchés et passe aussi par une influence culturelle dont nous examinerons les fondements.

Nous mettrons ensuite en lumière l'arsenal de méthodes et moyens utilisés par Washington pour empêcher l'expansion économique de ses concurrents, à commencer par l'utilisation défensive du droit américain, dont l'Europe et le Moyen-Orient sont des exemples parlants. Nous évoquerons enfin les pratiques contestables ou déloyales auxquelles n'hésitent pas à recourir les acteurs publics et privés américains, afin d'assurer leur domination économique mondiale, notamment l'appui – invisible mais bien réel – apporté par les services de renseignement américains à leurs entreprises. Ainsi, phase après phase, nous présenterons les actions visibles et invisibles, légales et déloyales développées par Washington pour asseoir son leadership mondial.

Nous avons d'abord pour ambition d'informer. La diplomatie économique américaine est extraordinairement complexe, difficile à saisir, sans cesse à l'initiative, parfois préconisant une action multilatérale, agissant dans d'autres circonstances de façon unilatérale. Ces actions astucieuses et manœuvrières, appuyées par des lobbies puissants, sont perturbantes pour nombre d'autres acteurs internationaux.

Nous exposerons les stratégies américaines de maîtrise de la mondialisation, certains de leurs outils et certains de leurs résultats, à partir de constats dressés sur la base de sources documentaires et d'expériences vécues. Nous ne prétendons nullement à l'exhaustivité mais souhaitons en donner les traits et sensibiliser le lecteur à l'esprit qui les anime. En ce qui concerne les descriptions des stratégies géographiques, nous avons sélectionné les cas d'application qui concernent le plus directement la France.

Nos commentaires seront tour à tour positifs ou négatifs. Nous avons cherché à éviter deux pièges classiques : l'admiration béate et la critique aveugle, liées au phénomène bien connu de fascination/répulsion envers les États-Unis. Nous avons souhaité présenter les politiques et les méthodes américaines comme elles sont, en cherchant à en expliquer les origines et, si possible, les conséquences.

La politique américaine de puissance économique internationale témoigne d'une vraie intelligence du monde actuel et d'un fort dynamisme. Mais la recherche forcenée de la domination comme le sentiment de toute-puissance peuvent parfois conduire à des conduites contestables. Les États-Unis ne veulent pas tant conquérir le monde qu'asseoir leur prospérité en s'assurant des marchés pour longtemps. C'est pour cela qu'ils souhaitent maîtriser l'évolution des règles du jeu mondiales en les formatant selon leurs normes et leur droit. L'absence de concurrent à leur taille leur permet de jouer ce jeu et ils doivent le faire tant qu'ils restent la puissance unique. D'où les efforts – à ce jour couronnés de succès – des dirigeants américains de quelque bord qu'ils soient pour, depuis les années 1970, ralentir la constitution d'une autre puissance qui pourrait un jour avoir les mêmes objectifs, comme l'Union européenne. D'où également leur volonté de consolider leurs acquis face à l'autre puissance inéluctablement montante qu'est dans leur esprit la Chine.

Parallèlement à cette démarche d'information, notre second objectif est de convaincre les décideurs français et européens de prendre leur place dans ces jeux de puissance qui structurent le monde de demain. Il ne s'agit pas seulement de réagir ou de critiquer, mais aussi d'être « proactifs », de participer à la construction en cours en apportant sa pierre et en convainquant tout le monde qu'elle est la plus belle. Certaines de nos observations sur les États-Unis pourront paraître sévères, mais quand nous évoquons, par exemple, leur pouvoir d'influence dans les enceintes multilatérales normatives, il faut bien comprendre que cette influence s'exerce d'autant plus facilement qu'elle a presque toute liberté pour le faire. Les Américains ont en face d'eux très peu de contrepoids, et, quand ceux-ci existent, c'est souvent sur un mode purement négatif. Or c'est de propositions fondées et opérationnelles que le monde en formation a besoin. De même, lorsque s'observent des pratiques contestables ou déloyales, elles déclenchent peu de réelles contestations en face.

Essayons de tirer de la compréhension de la diplomatie économique américaine quelque inspiration sur des concepts et méthodes qui peuvent manquer à nos systèmes. Évitons de plaquer des « recettes ». Celles-ci n'existent pas dans des jeux où économie, valeurs, cultures sont étroitement imbriquées. Le préalable est la volonté politique et l'appréhension des réalités mondiales. Des méthodes adaptées en découleront, qui, alliées aux qualités intrinsèques de nos entreprises, de nos citoyens et de nos administrations, pourront considérablement améliorer la présence et l'influence internationale des Européens et des Français. En bref, les Européens doivent prendre leur place dans le monde sur un mode constructif et les Français au sein de l'Europe de la même manière. Nous ne recherchons donc définitivement pas l'antiaméricanisme, mais, à partir de constats, une certaine pédagogie.

1

Le contexte du redéploiement de puissance américain

Il est important de rappeler le contexte et les conditions qui ont permis aux États-Unis d'émerger comme l'unique superpuissance du XXIe siècle. Ils permettent de comprendre pourquoi les atouts naturels de ce pays l'ont conduit au leadership mondial. La disparition de l'URSS et la révolution des technologies de l'information ont propulsé l'Amérique à la première place mondiale. La disparition de l'affrontement Est-Ouest a permis le retour de l'économie comme domaine principal d'affrontement entre les États. Les États-Unis s'y sont autant investis qu'ils avaient mis d'énergie à gagner la Guerre froide.

LES BOULEVERSEMENTS DE LA POLITIQUE ET DE L'ÉCONOMIE INTERNATIONALES

Les années 1990 ont été le théâtre d'évolutions profondes qui ont donné naissance, en une décennie, à un monde totalement nouveau dans lequel les États-Unis ont dû, comme les autres États, trouver de nouveaux repères. Les deux facteurs majeurs de transformation ont été les bouleversements de la géopolitique et la révolution de l'information.

La fin de la Guerre froide et ses conséquences

Les dernières années du XXe siècle ont vu un bouleversement fondamental de l'ordre international : la disparition de l'Union soviétique et de la menace qu'elle faisait peser sur les relations internationales depuis 1945. L'implosion du système soviétique est la résultante de l'inadaptation croissante de son système politique aux nouvelles aspirations des hommes et des peuples placés sous son autorité, de son incapacité à leur assurer un niveau de vie décent et de son impossibilité à participer à la compétition économique et technologique mondiale. Les tentatives de réforme entreprises par Mikhaïl Gorbatchev ont provoqué, bien malgré elles, la dislocation accélérée de l'empire communiste.

Avec la disparition de l'ordre international ancien, qui structurait autour d'une rivalité stratégique Est-Ouest toutes les modalités des relations internationales, se sont effacés les principaux repères politiques, juridiques et idéologiques sur lesquels se fondait le système international depuis cinquante ans. Mais la fin de l'affrontement Est-Ouest n'a pas entraîné la disparition de la rivalité entre les nations et a libéré des antagonismes jusqu'ici contenus ou contrariés. À partir de 1991, une nouvelle logique s'est progressivement imposée : la disparition d'une menace bien identifiée, probable, a cédé le pas à la diversification des dangers qui menacent l'équilibre planétaire. Les crises internationales sont dorénavant susceptibles d'éclater sur tous les théâtres. En Europe, le spectre ou la réalité de multiples guerres civiles ou frontalières (conflits en ex-Yougoslavie, dans l'ex-URSS, etc.) ont remplacé la menace de l'Armée rouge. Dans le tiers-monde, la disparition de l'ordre bipolaire a laissé la voie libre à l'expression de conflits aux racines séculaires, qui ne sont plus tempérés par l'intervention de superpuissances. La chute de l'Union soviétique et le nouveau désordre international ont par ailleurs ouvert la voie aux menaces jusqu'alors plus ou moins contenues que sont la prolifération nucléaire, la résurgence de nationalismes ou de mouvements ethniques, le renforcement des intégrismes religieux, le développement des trafics de toute nature, la multiplication des circuits financiers illégaux et le terrorisme, nouveau fléau du monde moderne. Pour certains, la rivalité Est-Ouest est désormais remplacée par un affrontement Nord-Sud, impulsé par l'Islam. Cette théorie est notamment défendue par l'Américain Samuel Huntington. Par ailleurs les rivalités Ouest-Ouest sont de plus en plus marquées tandis qu'il est de moins en moins possible de parler d'« un » Sud, le Brésil ou l'Inde n'ayant rien à voir ni avec la Chine d'un côté ni avec les pays pauvres d'Afrique de l'autre.

L'autre résultante de la disparition de l'ordre bipolaire est que, désormais, la géopolitique ne concerne plus uniquement les États, mais également des mouvements qui développent des stratégies indépendantes de tout contrôle gouvernemental : organisations non gouvernementales (ONG), mouvements religieux radicaux, mafias, diasporas ethniques et, de plus en plus, encouragées en cela par les organisations internationales, les grandes entreprises multinationales. Les ONG humanitaires et de développement connaissent ainsi un épanouissement jamais égalé. Naturellement structurées en réseau international, elles sont pour les organisations internationales des interlocuteurs à leur taille. Il en va de même des entreprises multinationales et de celles des organisations professionnelles qui ont su prendre leur place. En négatif, de nouvelles menaces proviennent aujourd'hui d'organisations transnationales du crime, de la contestation terroriste ou de la fraude. Ces acteurs sont des « nouveaux entrants » qui bouleversent les règles du jeu. Ce sont ce que John Warden[1] appelle des « entités stratégiques », c'est-à-dire des organisations qui peuvent opérer de façon autonome, se diriger et se soutenir elles-mêmes. C'est évidemment le cas de la nébuleuse terroriste islamique Al-Qaeda. Longtemps, seuls les États-nations disposaient de ces capacités. Aujourd'hui, des entités privées se trouvent dans cette situation. Peu à peu, la puissance internationale se désétatise.

Nous avons ainsi assisté en moins d'une décennie au passage d'un système bipolaire fermé, stable, à un système multipolaire ouvert, instable et imprévisible. Nous observons aujourd'hui une véritable fragmentation politique et la multiplication de nouveaux foyers régionaux d'instabilité. La situation n'est plus aussi

1. Colonel John Warden III, « L'ennemi en tant que système », *Stratégique*, n° 59, 3/1995, Institut de stratégie comparée, p. 33.

claire qu'auparavant et la conjonction de l'autonomie d'action des nations émergentes, du surarmement et des proliférations nucléaires et chimiques assure moins que par le passé que tous les risques d'escalade incontrôlable de la violence pourront être évités. D'autant que la disparition de l'ennemi commun et l'acuité des enjeux économiques amènent fréquemment les anciens alliés à se désolidariser, voire à s'opposer, sur de nombreux problèmes internationaux et notamment sur les questions économiques et commerciales.

L'accélération de la mondialisation

Pendant quarante ans, la Guerre froide a segmenté l'univers commercial. Au point que le GATT, qui produisait les statistiques du commerce mondial, avait l'habitude d'isoler l'ensemble des pays à économie planifiée dans une rubrique spéciale appelée « Pays de l'Est »[1]. Mais, lorsque le pacte de Varsovie a implosé, les anciens pays du bloc communiste sont revenus dans la compétition mondiale et ont donné naissance à une quinzaine de nouveaux acteurs internationaux. La géopolitique s'est ainsi révélée créatrice de marchés.

Avec la disparition du cloisonnement entre les deux blocs, qui rend désormais possible un commerce planétaire, la mondialisation apparaît clairement comme la caractéristique majeure de la nouvelle situation mondiale. Elle se distingue par l'élargissement de l'espace

1. Jean-Marc De Leersnyder, « Les nouveaux risques commerciaux », in *La Gestion des risques internationaux*, Pascal Chaigneau (dir.), Economica, 2001, p. 66.

d'échanges par intégration de nouveaux pays, la globalisation des firmes capables d'intégrer leurs activités à l'échelle mondiale et la déréglementation qui accélère les échanges[1].

Elle est mesurable à travers quatre phénomènes : la multiplication des investissements étrangers croisés entre pays industriels, grâce à la déréglementation et à la révolution des moyens informationnels ; l'essor quantitatif des échanges internationaux, proportionnellement à l'accroissement de la production mondiale, et la modification de leur contenu au profit des produits manufacturés et au détriment des matières premières ; la participation active des nouveaux pays industrialisés et des pays en voie de développement aux échanges, aux côtés des trois pôles de l'économie mondiale (Amérique du Nord, Europe, Japon) ; la globalisation financière due au décloisonnement et à la déréglementation des marchés financiers ainsi qu'à la mobilité instantanée de l'argent grâce à l'interconnexion informatique.

La mondialisation remet en cause les fondements traditionnels des civilisations, qui se désenclavent et se relativisent. Partout, les échanges progressent plus vite que la production. Des poches de protectionnisme existent toujours, mais elles se réduisent inexorablement. Les marchés mondiaux sont de plus en plus ouverts et cela s'accompagne d'une exacerbation de la concurrence. Cette nouvelle situation a provoqué des vagues de fusions-acquisitions, la

1. Frédéric Teulon, *La Nouvelle Économie mondiale*, PUF, 1997, p. 403.

création de joint-ventures, car l'heure est aux alliances transnationales pour la conquête de nouveaux marchés.

Logiquement, le poids du contexte international est devenu prédominant dans l'activité des entreprises, exposées à des contraintes extérieures de plus en plus marquées. Même celles qui n'agissent que sur leur marché domestique affrontent une concurrence locale de plus en plus internationale et se voient contraintes de s'internationaliser. La mondialisation transforme par ailleurs les liens économiques et sociaux des firmes avec les territoires. Une entreprise peut désormais s'exonérer des charges, de la dette publique ou des retraites d'un pays donné, si elle les trouve trop lourdes, en se délocalisant.

L'état de globalisation – à ne pas confondre avec la mondialisation[1], même si le mot anglais est identique – demeure encore relatif mais le mouvement est en cours. Que le mot anglais soit le même est d'ailleurs significatif de la « globalisation de la mondialisation » d'origine américaine. Autrement dit, il y a une volonté des États-Unis, aidés par leurs alliés « anglo-saxons »[2], de maîtriser les modes et la régulation (globaliser) des échanges mondiaux croissants (la mondialisation).

1. La mondialisation est la mise en contact des peuples à travers le développement des transports internationaux, du tourisme et l'explosion des flux d'information. L'internationalisation, c'est le développement des exportations de biens et de services. La globalisation, c'est la mise en place de réseaux mondiaux de production et d'information et un nouveau mode de régulation où l'international prime sur le national. Ces trois notions sont bien différentes.

2. Le terme « anglo-saxon » fait problème à certains. Nous l'utiliserons néanmoins, car il répond à une communauté de langue, d'approche juridique, d'organisation collective.

L'un des premiers théoriciens de la globalisation, Theodore Levitt, écrivait, en 1983 : « La société globale opère avec constance et résolution, à des coûts relativement bas, comme si le monde entier, ou les principales régions, constituait une entité unique ; elle vend la même chose, de la même manière, partout[1]. » Ce que l'on appelle le « marché mondial » représente environ 1 milliard de personnes, soit essentiellement les économies d'Amérique du Nord, d'Europe et d'Extrême-Orient (Japon et « Tigres »). Le marketing mondial qui se met en place doit répondre aux besoins de cette population de 1 milliard de consommateurs. Mais le village mondial ne va guère au-delà de ce cercle limité et plus de 5 milliards d'individus ne sont pas concernés par cette globalisation-là : 1 milliard pourraient l'être à court terme, 2 milliards ne le seront pas avant une ou deux générations et les 2 autres milliards d'individus n'ont aucun espoir de l'être au cours des deux prochaines générations.

La mondialisation a pour conséquence la multiplication des interdépendances. Le nouveau contexte mondial génère une dynamique d'interaction globale, qui intègre dans une même spirale les phénomènes économiques et culturels, politiques et militaires. Il en résulte une situation d'interdépendance généralisée où chaque phénomène déclenche des effets dans tous les autres domaines, en raison de la fluidité de l'information et de l'interconnexion des marchés. Les États-nations qui dominaient la scène internatio-

1. Theodore Levitt, « The globalization of markets », *Harvard Business Review*, mai-juin 1983, pp. 92-102.

nale ayant perdu une partie de leur souveraineté et les nouveaux entrants – marchés financiers, entreprises internationales, fonds de pension, organisations non gouvernementales de diverses origines – développant des stratégies propres, la nouvelle situation mondiale se caractérise par la complexité des situations à gérer et l'impact étendu et imprévisible de la moindre action individuelle.

Cette nouvelle situation d'interdépendance signifie que les grands problèmes contemporains ne peuvent désormais être abordés et résolus que dans un cadre planétaire. Ce phénomène s'observe dans tous les domaines des activités humaines. Il se traduit par l'édiction à terme de règles et de normes multilatérales, communautaires ou mondiales, de plus en plus nombreuses. Ce véritable droit supranational est en cours d'élaboration sous nos yeux et régit peu à peu nos sociétés sans qu'elles s'en rendent souvent bien compte.

Logiquement, le rôle des organisations internationales dans la régulation de l'économie mondiale se développe chaque jour davantage, et cela concerne autant l'éthique que les normes électriques ou les diamètres de tuyaux. Qu'elles soient politiques (Parlement européen, Conseil européen, Assemblées générales de l'ONU et de l'OTAN), technocratiques (Commission européenne) ou financières (Banque mondiale, FMI, BERD, BEI), ou encore qu'elles aient un rôle officiel de régulation mondiale (OMC), leur importance et leurs champs d'intervention vont croissant. Ajoutons à cela tous les organismes privés à compétence générale (Chambre de commerce internationale) ou sectorielle (les multiples associations professionnelles européennes et internationales) qui, par la coutume et les normes-types, font le droit dans leur sphère. Il en va de même pour les grandes ONG anglosaxonnes (par exemple Greenpeace, WWF, Transparency International, Oxfam, Care) qui, outre leurs activités humanitaires ou de défense de l'éthique, bien connues, exercent souvent une véritable fonction normative soit auprès des organisations internationales, soit, de plus en plus, directement. Certaines de leurs normes n'ont même pas besoin d'être écrites, elles sont contraignantes par elles-mêmes[1]. Ces organismes définissent non seulement la règle à suivre mais véhiculent aussi des doctrines et des grands courants d'idées (transparence, dénonciation de la corruption, etc.). Les règles qu'ils établissent, jusqu'aux plus techniques, s'inscrivent dans le cadre de ces courants de pensée[2].

En l'absence d'un processus législatif mondial, les nouvelles règles du jeu s'élaborent dans une certaine confusion juridique. La force nouvelle de textes apparemment non contraignants selon le droit positif habituel est une grande spécificité de ce nouveau monde en construction. Il s'agit de déclarations, comme celles du Bureau international du travail (BIT), de principes directeurs et de codes de conduite, comme ceux de l'OCDE ou de la Banque mondiale, d'accords ouverts à signature volontaire, comme le *Global Compact* de l'ONU, ensemble de règles proposées aux

1. *Cf.* chapitre 4.
2. Claude Revel, « Lobbying et relations internationales », *Acomex*, revue de la CCIP, n° 28, juillet-août 1999.

entreprises et autres acteurs multinationaux, ou comme certains accords signés par les multinationales avec leurs syndicats regroupés. C'est ce que l'on appelle la *Soft Law*.

Ce nouveau droit est beaucoup plus inspiré par la *Common Law*, la coutume juridique anglo-saxonne, que par le droit romain. Encore qu'il ne faille pas exagérer les différences entre les deux conceptions, puisque tant les Américains que les Britanniques sont eux-mêmes en train de redécouvrir les vertus du principe de droit synthétique qui évite la multiplication des clauses. Il est probable que nous arriverons à des formules mixtes.

Mais la normalisation à l'anglo-saxonne, et spécifiquement à l'américaine, a établi des avancées définitives et continue de progresser à l'heure actuelle, car les Américains – et les Britanniques, dans certains domaines comme la finance, l'ingénierie, le développement, etc. – ont été et sont toujours de loin les plus actifs dans l'alimentation en contenu nécessaire à ce droit nouveau.

La révolution de l'information et ses effets

Expliquer l'évolution du monde par les seuls bouleversements géopolitiques est insuffisant. En effet, un second phénomène, aussi important, s'est produit à partir de la fin des années 1980 : la révolution des technologies de l'information et de la communication. Celle-ci résulte d'une triple évolution en matière d'électronique, d'informatique et de télécommunications, chacune de ces disciplines ayant joué un rôle d'entraînement vis-à-vis des deux autres, ce qui a généré une démultiplication des applications de ces sciences. Conséquence de l'entrée de nos sociétés dans l'ère de l'information, plusieurs phénomènes marquants se manifestent en ce début de XXIe siècle, qui affectent les activités humaines et en particulier l'évolution du monde économique : le décloisonnement planétaire, la dématérialisation croissante des activités économiques, l'accélération du rythme du progrès, le rôle accru de la connaissance, la nécessaire maîtrise de l'information et la transformation des modes d'organisation traditionnels, chacun interférant avec tous les autres.

Avec l'explosion des supports de communication et la transmission instantanée des données, nos possibilités de communication ont changé de nature, contractant l'espace de notre planète et renforçant la mondialisation des enjeux. Le monde des télécommunications est caractérisé par un développement foudroyant : en 2000, 4 millions d'internautes existaient en France et, dans le monde, 130 millions. Contre moins de 1 million dix ans plus tôt. Il y avait, en 2002, 11 millions de téléphones mobiles dans notre pays et 300 millions dans le monde (contre 100 000 et 5 millions il y a dix ans). Et les taux de croissance de ces deux domaines atteignent régulièrement 5 à 10 % par mois. Ces évolutions majeures commencent à bouleverser les structures nationales et sociales traditionnelles : développement de nouveaux modes de vie, perte d'efficacité des modèles idéologiques dominants, modification des organisations, crise de la centralité et décentralisation.

Sur le plan économique, deux des conséquences des bouleversements en cours sont le raccourcissement du temps et l'accélération du rythme du progrès technologique. À cause du premier, les acteurs ont de moins en moins de temps pour réagir et doivent accomplir beaucoup plus vite qu'auparavant les tâches qui sont les leurs. Quant à la seconde, elle réduit le cycle de vie des produits et accroît la rapidité avec laquelle les acteurs économiques doivent s'adapter. La technologie évolue, se démode de plus en plus vite et se diffuse de plus en plus rapidement d'un secteur industriel à l'autre. Le délai qui sépare la recherche de la commercialisation se réduit sans cesse : il a fallu trente-cinq ans pour mettre au point et commercialiser la radio, quatorze ans pour la télévision, trois ans pour le transistor et un an pour le CD. Aujourd'hui, plus du tiers du PNB américain provient de produits qui n'existaient pas il y a quinze ans[1].

Ainsi, l'innovation est l'un des moteurs de la compétition économique. Ce rôle n'est pas nouveau, les grandes ruptures techniques dans l'agriculture, la navigation et l'industrie n'ont cessé de l'illustrer à travers les siècles. Tout progrès dans un secteur crée une demande complémentaire et agit comme une incitation à l'innovation. Celle-ci est désormais au cœur de la stratégie des entreprises, lesquelles prennent conscience de son importance pour leur compétitivité. Innover est devenu un impératif. Les sociétés les plus performantes innovent très tôt et très sou-

1. Patrice Allain-Dupré et Nathalie Duhard, *Les Armes secrètes de la décision*, Gualino, 1997, p. 13.

vent, ce qui les aide à maintenir leurs positions dominantes. Cette course effrénée à l'innovation se voit renforcée par le rôle qu'occupe désormais l'excellence technologique pour la souveraineté des États.

Dans la civilisation dématérialisée de l'information, la connaissance est devenue, plus encore que le capital et les ressources physiques, l'ingrédient essentiel de la création de valeur. Aujourd'hui, c'est le savoir spécialisé exploité par l'analyse multidisciplinaire qui constitue une des plus grandes sources de pouvoir. La supériorité technologique n'est que l'un des aspects de cette puissance du savoir : celui de la connaissance scientifique. Comme l'écrivait Peter Drucker dans *Au-delà du capitalisme,* « les activités qui occupent la place centrale ne sont plus celles qui visent à produire et à distribuer des objets, mais celles qui produisent et distribuent du savoir et de l'information ». C'est pourquoi, désormais, les vraies richesses et les vrais enjeux ne sont plus les matières premières, mais les hommes et leurs savoirs. La créativité et l'innovation sont les atouts fondamentaux des acteurs engagés dans la compétition[1]. La connaissance s'affirme comme la première des ressources stratégiques.

La compétitivité internationale des entreprises modernes se fait désormais sur la connaissance et sur la capacité à innover[2] et repose sur les trois avantages comparatifs que sont la compétence collective, les

---

1. Bernard Esambert, *La Guerre économique mondiale*, Olivier Orban, 1991, p. 10.

2. On parle d'*humanware*, pour décrire l'importance du savoir humain, comme l'on a parlé de *software* et de *hardware* pour l'informatique.

infrastructures technologiques et le potentiel national de formation et de recherche. Car innover n'est possible que dans une structure propice à l'innovation[1]. Le niveau d'éducation d'un pays et la capacité d'innovation, de réaction et de mobilisation des entreprises sont liés par une corrélation très forte[2]. La stratégie des entreprises doit donc privilégier l'investissement dans la connaissance et les technologies de l'information, afin de développer leur potentiel créatif.

Par suite des mutations de l'environnement, l'information revêt désormais une importance essentielle et s'affirme comme une matière première de l'économie moderne. Elle est chaque jour utilisée comme levier de création de valeur ajoutée et est en train de devenir un nouveau facteur de production. Dorénavant, la performance des entreprises est liée à leur capacité à maîtriser les processus d'information, c'est-à-dire qu'il leur faut être capables d'aller chercher celle-ci partout, en particulier sur les canaux électroniques (Internet et bases de données) ; il leur faut aussi se révéler aptes à traiter rapidement les grandes quantités d'informations disponibles et à les redistribuer. D'où la nécessité des systèmes de télécommunications et de l'informatique.

Les influences combinées des bouleversements géopolitiques et des mutations technologiques trans-

1. Jean-Louis Bassano, « Les technologies émergentes : enjeux et opportunités industrielles », *Les cahiers thématiques de l'Observatoire des stratégies industrielles*, n° 2, 1991, p. 20

2. Bernard Esambert, *La Guerre économique mondiale*, *op. cit.*, p. 10.

forment radicalement le contexte des activités économiques : en modifiant en profondeur les processus d'innovation et de production, d'échange et de concurrence, ils conduisent à un durcissement de la compétition économique. Si le décloisonnement planétaire a rendu possible l'accès à des économies auparavant fermées, il a parallèlement entraîné l'apparition de nouveaux concurrents en provenance des pays en développement ou de l'ex-Empire soviétique. Par ailleurs, la disparition de l'ennemi commun et l'acuité des enjeux commerciaux amènent de plus en plus fréquemment les entreprises occidentales à s'affronter sur de nombreux contrats internationaux. Enfin, la baisse de puissance régalienne des États au profit des organismes régionaux et multilatéraux les a conduits à se recentrer sur des aspects où leur marge de manœuvre est encore réelle, c'est-à-dire le social, pour les social-démocraties, et l'accompagnement de leurs entreprises à l'international pour tous. Il en résulte un accroissement de l'intensité concurrentielle et un durcissement de la compétition, laquelle s'étend dorénavant à tous les domaines d'activités et y entraîne les États.

UNE COMPÉTITION ÉCONOMIQUE FAUSSÉE PAR DES RIVALITÉS DE PUISSANCE

Depuis que la menace que faisait peser l'Union soviétique a disparu, les rivalités entre États ne sont donc plus exclusivement géopolitiques ou géostratégiques ; elles sont désormais également – si ce n'est essentiellement – économiques et technologiques.

Dans le nouvel environnement mondial, la situation pourrait laisser croire à une victoire intégrale du libéralisme et des lois du marché et de la concurrence. Pourtant il n'en est rien. Depuis la fin de la rivalité stratégique Est-Ouest, la nouvelle situation mondiale, en consacrant le retour de l'économie comme domaine principal de la compétition entre les nations, a entraîné un changement de logique et de terrain des affrontements internationaux. La plupart des conflits commerciaux trouvent leurs origines dans les problèmes liés à l'accès ou à la défense des marchés et aux pratiques jugées anticoncurrentielles. Ainsi des rivalités interétatiques liées aux conflits commerciaux s'exercent-elles désormais sur tous les marchés du monde.

Cela s'observe à travers les pressions politiques croissantes sur les contrats commerciaux et l'apparition de nouvelles pratiques concurrentielles particulières. La loi de l'offre et de la demande fonctionne de moins en moins malgré les discours répétés sur le libre-échange. Il y a aujourd'hui rencontre, interpénétration et percussion des sphères d'intérêt et d'action des États et des entreprises. Les échanges économiques sont considérablement perturbés par l'interférence d'intérêts d'États, même si ceux ci prônent le respect des lois du commerce mondial.

Les nouvelles rivalités géoéconomiques et les intérêts des États

Le terrain de la compétition entre États industrialisés ou aspirant à le devenir s'est déplacé du champ idéologique et militaire à celui de la géoéconomie.

La conquête des marchés a pris la place des conquêtes territoriales. Ce retour de l'économie comme domaine principal de la compétition entre les nations a laissé croire un temps que les entreprises allaient être les acteurs exclusifs du nouvel ordre mondial. Il n'en est rien. Les États se sont adaptés à la nouvelle situation et ont réorienté leurs moyens face à ce nouveau contexte. « C'est la prise en compte du facteur économique comme instrument de puissance qui a poussé les États à se mêler directement au développement économique[1]. » Cette évolution était en effet pour eux absolument indispensable, car ils doivent être capables, malgré les évolutions de l'environnement, de préserver leur indépendance économique et culturelle, c'est-à-dire leur liberté d'action et le modèle de société qu'ils se sont choisi ; leur prospérité et leurs ressources, lesquelles conditionnent leur capacité d'action mais aussi leur stabilité et leur cohésion interne ; et enfin leurs sphères d'influence politique, économique ou culturelle – s'ils en ont – qui leur confèrent encore un rôle international.

La notion de géoéconomie est ainsi née d'un monde globalisé où les intérêts politiques des nations se soumettent à leurs intérêts économiques. Une conflictualité frontale entre pays développés n'est guère possible. En revanche, il serait illusoire de croire que les rapports de force n'existent pas. Leur nature et leurs instruments ont simplement évolué. Désormais, lorsqu'il y a antagonisme entre pays industria-

1. Laurent Hassid, Pascal Jacques-Gustave et Nicolas Moinet, *Les PME face au défi de l'intelligence économique*, Dunod, 1997, p. 130.

lisés, il trouve son expression pour l'essentiel sous des formes économiques[1].

Si l'affrontement économique est une constante des relations internationales – l'histoire a jadis connu, à plusieurs reprises, un tel paradigme –, ce qui est nouveau, c'est son caractère planétaire et l'intensité qui le caractérise. La notion de puissance a intégré la dimension économique comme jamais auparavant. Aujourd'hui, la projection de force ne se limite plus aux seules modalités militaires : implanter McDonald's au cœur de Moscou est un acte à forte valeur culturelle et stratégique. Pour bon nombre d'États, l'action des entreprises concourt à la souveraineté nationale.

En conséquence, comme le note Bernard Esambert, « la guerre pour les parts de marchés mondiaux que se livrent, dans tous les secteurs, les acteurs économiques est devenue un fait déterminant. Cette concurrence effrénée est bien réelle et ses lignes de force orientent l'action des gouvernements et des entreprises. L'objet de cet affrontement est, pour chaque État, de créer chez lui, ou à son profit, des emplois et des revenus et d'augmenter ses ressources et son influence. Or, comme il n'existe pas d'économie nationale prospère sans entreprises performantes, dynamiques, offensives, il doit donc encourager ses entreprises à innover, à exporter sans cesse davantage et à s'implanter à l'étranger. Celles-ci forment, par leur communauté de problèmes, de vocation et

1. Pascal Lorot, « De la géopolitique à la géoéconomie », *Revue française de géoéconomie*, n°1, mars 1997.

d'environnement, un ensemble qu'il convient de stimuler et un potentiel industriel qui doit être animé[1] ».

La responsabilité principale de l'État doit donc être de créer le meilleur environnement possible pour que les acteurs économiques nationaux puissent combattre avec efficacité et de « maintenir l'intégrité du collectif le plus longtemps possible dans un univers devenu profondément hostile[2] ». La responsabilité de la puissance publique apparaît donc considérable. Ce n'est qu'en préservant l'être et l'agir du collectif national que l'État assure sa pérennité et remplit son rôle. Cela l'amène donc à préserver et à promouvoir :

– les acteurs économiques nationaux (entreprises publiques ou privées, collectivités territoriales, groupements d'intérêt professionnel, associations et organisations non gouvernementales). Il s'agit autant de les protéger des menaces que de leur permettre de saisir toutes les opportunités de développement. Cela revient à adopter une triple logique de protection du patrimoine technique et industriel national (savoir et savoir-faire), d'encouragement à l'innovation (création d'une infrastructure du savoir, seul gage de réussite des sociétés modernes) et de promotion de ses entreprises sur les marchés étrangers (en leur garantissant un accès libre et permanent aux marchés mondiaux) ;

– l'identité et les spécificités culturelles et linguistiques, qu'il s'agisse de la conception de l'homme et

---

1. Bernard Esambert, *La Guerre économique mondiale*, *op. cit.*, pp. 9-10.

2. Roland Meyer, « L'intelligence économique : du désir de compétitivité au geste offensif », *Revue d'intelligence économique*, n° 1, AFDIE, mars 1997, p. 21.

des relations internationales ou du modèle de société librement choisi.

Depuis une dizaine d'années, on observe quotidiennement les interférences des acteurs étatiques dans la compétition économique pour la préservation ou la promotion de leurs intérêts nationaux. Cette concurrence entre les États industriels révèle la tendance à l'hégémonisme économique de certains d'entre eux et se double d'une rivalité culturelle sous-jacente : en amont même des enjeux économiques, les affrontements entre États tournent autour de l'exportation d'un modèle de société au sens large.

Paradoxe de l'internationalisation croissante : l'immense majorité des entreprises garde une base nationale, car la mondialisation a provoqué un regain de patriotisme économique et les politiques industrielles des États viennent de plus en plus en support des stratégies de leurs entreprises nationales. On ne parle plus guère aujourd'hui du danger des grands groupes multinationaux apatrides – même s'il demeure parfois difficile de définir ce qu'est la nationalité d'une entreprise – tant la composition de leur capital peut varier dans le temps.

La participation des États à la compétition économique

Dans ce contexte, les États définissent et mettent en œuvre des politiques de conquêtes à caractère économique et culturel. Le recours aux expressions militaires pour décrire les nouvelles attitudes géoéconomiques est en particulier caractéristique des Américains, comme en témoigne le discours d'Edward

Luttwak : « Les capitaux investis ou drainés par l'État sont l'équivalent de la puissance de feu ; les subventions au développement des produits correspondent au progrès de l'armement ; la pénétration des marchés avec l'aide de l'État remplace les garnisons militaires déployées à l'étranger, ainsi que l'influence diplomatique. Ces diverses activités – investir, chercher, développer et trouver un marché – sont également le lot quotidien des entreprises privées qui les exercent pour des motifs purement commerciaux. Mais quand l'État intervient, lorsqu'il encourage, assiste ou dirige ces mêmes activités, ce n'est plus de l'économie pur sucre, mais de la géo-économie[1]. »

L'arme économique se substitue à l'arme militaire comme instrument au service des États dans leur volonté de puissance et d'affirmation sur la scène internationale. Aujourd'hui, l'objectif central est de conquérir ou de préserver une position enviée au sein de l'économie mondiale[2]. Certains États se sont déjà organisés afin d'exploiter systématiquement les potentiels de complémentarité de leurs acteurs économiques en vue de l'accroissement de la prospérité nationale : « L'enjeu est de renouer le lien entre les performances individuelles des entreprises, la compétitivité du système productif et l'économie nationale[3]. » Il s'agit

1. Edward N. Luttwak, *Le Rêve américain en danger*, Odile Jacob, 1995, p. 34.

2. Pascal Lorot, « De la géopolitique à la géoéconomie », *art. cit.*

3. Gabriel Colletis, « Intelligence économique : vers un nouveau concept en analyse économique ? », *Revue d'intelligence économique*, n° 1, AFDIE, mars 1997, pp. 26-27.

bien de concilier les deux problématiques de la compétition actuelle, « celle de l'élaboration de stratégies collectives – notamment la coopération entre gouvernements et entreprises dans la production de l'avantage concurrentiel – et celle de l'importance de la connaissance dans l'économie et l'industrie comme moteur stratégique du développement et du changement[1] ». En effet, les nouvelles technologies de l'information forcent à reconsidérer les modes d'organisation et de partage du pouvoir pour associer plus largement tous les acteurs participant au processus de création de richesses.

La logique propre d'intervention des États relève davantage de l'affrontement économico-culturel que de la seule compétition commerciale. Leurs préoccupations sont spécifiques. Par exemple : comment conquérir la majorité des centres de décision d'un pays donné ? Comment imposer ses normes culturelles et économiques ? Quelles contreparties commerciales exiger en échange d'un soutien politique ou financier ? Leur but est de garantir le succès de leurs entreprises, même lorsque l'excellence de l'offre n'est pas établie. C'est-à-dire qu'il s'agit de gagner coûte que coûte contre la concurrence et de parvenir à l'éliminer. Ils cherchent ainsi d'abord à prendre le contrôle d'un marché, puis à façonner ses goûts et ses besoins – voire à les conditionner – et enfin à lui imposer ses produits. Ce qui est visé, ce sont les centres nerveux d'une nation – administratifs, politiques ou économiques – ayant un pouvoir

1. *Ibid.*

de décision ou d'influence sur le reste de la communauté. Il s'agit d'adapter, parfois longtemps à l'avance, le client à son offre, de détruire celle de la concurrence, mais aussi de substituer l'influence politique et culturelle de son État à celui de la partie adverse, quitte à recourir à des méthodes indirectes de pénétration[1]. Le but de ces actions est de changer les règles du jeu et des marchés ; elles s'attachent plus à battre l'ennemi qu'à s'adapter aux clients. Ainsi, les États font tout leur possible pour rendre les marchés réceptifs aux produits qu'ils réalisent via leurs entreprises. Dans cette perspective, les acteurs économiques d'un pays s'organisent pour faire de l'information un instrument de développement économique et de défense de ses intérêts vitaux.

Les pays libéraux les plus avancés économiquement ont tous mis en place des systèmes d'intelligence économique avec l'appui de l'État. Il existe peu de pays où les pouvoirs publics ne se soient manifestés pour appuyer leur recherche, leur industrie et leurs exportations. L'État y contrôle généralement l'arborescence des structures mises en place, à la façon d'une holding. Il anime également l'activité en termes de renseignement économique et commercial, et nombre de responsables de ces nouvelles structures sont des anciens des services spéciaux. Cette démarche est le fondement même de leur réussite et de leurs succès sur leurs concurrents :

1. *Cf.* chapitre 5.

– l'Allemagne, depuis la Ligue hanséatique et surtout depuis Bismarck, a développé une organisation efficace, fondée à la fois sur des noyaux industries-banques-assurances (même si ce schéma souffre aujourd'hui) et sur des Länder volontiers interventionnistes ;

– le Japon, depuis 1945, a mis en place son célèbre MITI, les nombreuses organisations qui y sont rattachées et un système mondial performant de recueil d'information ;

– le Royaume-Uni, par nature, a toujours su intégrer le renseignement dans son action internationale ;

– les pays scandinaves savent réunir des acteurs variés – y compris les Églises et les ONG – en une même organisation pour conduire des projets internationaux ciblés ;

– en France, les actions ont été plus rares et plus disséminées, mais une lente prise de conscience a eu lieu et les années 2003-2004 pourraient marquer un début de structuration de l'intelligence économique nationale ;

– les États-Unis, enfin, acceptent de moins en moins de voir leur suprématie menacée, dans quelque domaine que ce soit, par une puissance, même secondaire, et font ce qu'il faut pour neutraliser leurs concurrents.

Ainsi, dans cette compétition économique où la concurrence internationale s'oppose sur le moindre contrat, les campagnes commerciales des entreprises exportatrices s'appuient-elles sur des opérations de renseignement, d'influence et sur des pressions gouvernementales de toutes sortes.

La compétition pour l'indépendance technologique, clé de la souveraineté

En raison de la diversification des enjeux, les ressorts de la puissance sont aujourd'hui devenus plus variés : au poids du nombre et des armes s'ajoutent désormais les performances économiques, des élites compétentes et reconnues, une bonne cohésion de la société, une culture rayonnante, des capacités scientifiques et techniques et l'aptitude à l'innovation dans tous les domaines.

En particulier, la technologie est devenue l'un des enjeux majeurs de la compétition mondiale, à la fois pour des raisons économiques mais également parce que l'indépendance technologique est la clé de la souveraineté. Ainsi, les technologies émergentes constituent-elles un formidable levier d'innovation et leur maîtrise peut-elle être dorénavant considérée comme aussi primordiale pour le statut de puissance que la capacité à projeter des forces militaires à l'échelle de la planète. La sécurité et l'indépendance des nations se trouvent désormais concernées au premier degré par des technologies de pointe qui se révèlent être à la fois fondements et enjeux de pouvoir. L'acquisition d'avantages scientifiques et technologiques dans un certain nombre de secteurs clés offre à ses détenteurs une position dominante sur la scène internationale. Un acteur qui découvre et exploite le premier une nouvelle technologie s'approprie la mainmise sur l'essentiel de ses applications et crée pour lui-même d'importants avantages industriels et commerciaux.

Longtemps apanage d'une minorité de domaines qualifiés de « secteurs de pointe » – le plus souvent de nature militaire et portés par la course aux armements –, les hautes technologies sont désormais présentes dans tous les domaines industriels. La modification du contexte stratégique et la réduction quasi générale des budgets militaires ont entraîné la remise en cause du rôle des industries de défense en matière d'innovation technologique. Tant que les menaces étaient clairement définies, elles jouissaient d'une situation relativement confortable : les besoins militaires étaient alors à l'origine de la majorité des innovations technologiques – lesquelles trouvaient ensuite une application sur le marché civil – et les industries d'armement en étaient les producteurs quasi exclusifs.

Le monde a changé et les industries d'armement partagent désormais ce rôle avec de nouveaux secteurs industriels civils. Les progrès dans les domaines des télécommunications, de l'informatique, des composants électroniques, des technologies des nouveaux matériaux et des nouvelles technologies énergétiques bouleversent l'environnement et dessinent les nouvelles lignes de force de l'économie mondiale. Ainsi, des technologies essentiellement civiles sont-elles progressivement devenues stratégiques en termes de souveraineté et ont-elles pris place aux côtés des hautes technologies de défense comme affirmation de la suprématie d'un État, sans dépendre des crédits ou des marchés militaires. Par exemple, l'industrie des composants électroniques, naguère « tirée » par les besoins militaires ou spatiaux, a conquis un marché civil beaucoup plus vaste, lequel détermine désormais ses orientations et ses progrès, reléguant celui des applications militaires et spatiales à une dimension marginale : la part de ce dernier est passée de 80 % en 1960 à environ 1 % en 1995. Irrémédiablement, la nature de la dualité des technologies s'est inversée et des innovations issues des marchés civils se trouvent de plus en plus fréquemment à l'origine d'applications militaires.

Il devient donc indispensable de parler de technologies de souveraineté. Celles-ci recouvrent : les technologies de défense, *stricto sensu* ; les technologies de l'aéronautique et de l'espace ; les technologies de l'énergie, en particulier le nucléaire ; les technologies des télécommunications, de l'information et du multimédia. D'autres technologies sont certes essentielles aux progrès de la connaissance et de l'humanité – par exemple les biotechnologies qui préparent la maîtrise du vivant – mais elles n'apparaissent pas à proprement parler comme des technologies de souveraineté.

Ainsi Internet et les technologies de l'information sont-ils au cœur des enjeux de pouvoir planétaires : plus que la force militaire, que la puissance économique ou que les ressources en matières premières, c'est la maîtrise des systèmes d'information et de communication qui crée les conditions les plus appropriées de la suprématie mondiale. Comme l'a illustré la première guerre du Golfe (1991), l'opinion mondiale n'a rien connu du vrai conflit. Elle n'a vu qu'une série de reportages réalisés par l'un des belligérants, comme un demi-siècle auparavant nos grands-parents avaient vécu Okinawa au cinéma[1]. Toutefois le développement des réseaux d'information apparaît à la fois comme un facteur de puissance et une source de vulnérabilité. L'emprise des États sur ce phénomène devient de plus en plus malaisée, alors même qu'il influe directement sur leur sécurité. Aujourd'hui, il leur est de plus en plus difficile de demeurer pleinement maîtres du jeu. Conséquence de la révolution de l'information, peu à peu, l'activité économique se soustrait à leur pouvoir politique.

Les entreprises les plus performantes sont celles qui consentent d'importants efforts en matière de recherche et de développement et qui sont en quête d'innovation sous toutes ses formes. Les États ne peuvent plus s'en désintéresser. Ils ont partie totalement liée avec elles, dans tous les secteurs. Non seulement doivent-ils aider, voire orienter les programmes de recherche pour conserver les fleurons technologiques actuels, mais ils sont aussi tenus d'imaginer, avec les entreprises, les technologies à venir pour favoriser non seulement ce qui existe mais faire émerger ce qui n'existe pas encore et sera crucial dans vingt ans. Les choix technologiques s'affirment comme des décisions stratégiques de première importance et la compétitivité des secteurs de pointe – même si ceux-ci ne représentent qu'une partie du système productif – apparaît comme le premier indicateur de la capacité d'une économie ou d'une entreprise à tirer parti de l'innovation.

---

1. Gérard Théry, « Une nouvelle perspective de puissance, une nouvelle dimension stratégique », *Enjeux atlantiques*, n° 14, février 1997, p. 10.

Aujourd'hui, l'excellence technologique, un système industriel compétitif et la maîtrise des savoir-faire financiers sont les attributs modernes de la puissance. À défaut de véritable stratégie technologique, seule susceptible d'assurer des avantages significatifs dans la compétition planétaire, existe le danger réel d'une extraversion de l'économie – c'est-à-dire sa structuration par l'extérieur – et le risque sans cesse accru de subir, pour les moins innovants, une domination, politique, économique et culturelle imposée par d'autres.

L'ère des technologies de souveraineté annonce une redistribution des positions dominantes entre économies et entreprises concurrentes et pose la question de la maîtrise des opportunités générées par les technologies émergentes. Ces dernières, et les politiques industrielles qui les sous-tendent, apparaissent désormais comme un critère essentiel du dynamisme des États et de leur place dans le monde moderne. Elles permettent d'apprécier sous un nouvel angle les risques internationaux qui en résulteront, car l'inéluctable modification des positions compétitives qu'elles annoncent débouchera à terme sur une nouvelle hiérarchisation internationale, aussi bien en termes de richesse qu'en termes de puissance.

2

Fondements et lignes de force de la stratégie de puissance américaine

À la suite de la disparition de l'Union soviétique, les États-Unis demeurent le seul acteur du système international à disposer d'une vision globale de ses intérêts et à mettre en œuvre une stratégie planétaire pour les promouvoir. Leur prééminence mondiale est aujourd'hui indiscutable, d'autant qu'elle n'est pas exclusivement militaire, mais aussi économique, culturelle et technologique. Une telle situation est le résultat des efforts prospectifs conduits par Washington dès le début des années 1980. Les Américains ont su réévaluer leur rôle international, se fixer de nouveaux objectifs dans le monde de l'après-Guerre froide, allant jusqu'à modeler celui-ci à leur avantage. Le vide créé par la fin du monde bipolaire offrait tout naturellement la tentation et la possibilité au plus puissant d'entre les États d'en devenir le leader. Mais le seul fait que notre système mondial soit dominé par un seul État, réunissant entre ses mains l'ensemble des attributs de la puissance, est une donnée inédite qui accroît l'originalité de la nouvelle situation mondiale. D'autant que la perte d'un adversaire à sa mesure tend parfois à faire perdre le sens des réalités à Washington, où certains cercles influents[1] poussent à agir de façon unilatérale quelles que soient les apparences diplomatiques que revêtent ses actions. « Madeleine Albright avait résumé la position de l'administration Clinton par la formule : "Multilatéraux quand nous le pouvons, unilatéraux quand nous le devons." Sous l'administration Bush, la formule est en fait inversée[2]. » Pour ces raisons, il est indispensable de comprendre les fondements du raisonnement américain de la fin du XXe siècle et d'en présenter la nouvelle stratégie et ses différentes déclinaisons.

LA REDÉFINITION DU RÔLE DES ÉTATS-UNIS DANS LE NOUVEAU SYSTÈME INTERNATIONAL

Depuis ses origines, la politique étrangère américaine a été marquée par une succession de conceptions déterminées par la façon dont les États-Unis perçoivent le monde et par l'évolution de leurs intérêts. Ces remises en question régulières sont intervenues chaque fois qu'un événement majeur se produisait et qu'il révélait l'inadéquation de la politique étrangère américaine avec les impératifs de sa sécurité nationale. Cela a été le cas avec la dispari-

1. Pierre Hassner et Justin Vaïsse, *Washington et le monde*, CERI/Autrement, Paris, avril 2003.
2. *Ibid.*, p. 75

tion de l'URSS. Celle-ci a conduit les États-Unis à réévaluer leur place dans le monde, à penser de nouveau leur politique extérieure, laquelle ne peut plus être formulée, comme elle l'était depuis Pearl Harbor, qu'en réponse à une menace posée par un ennemi idéologique[1].

Les Américains se sont en premier lieu interrogés sur les conséquences de leur victoire et sur ce qu'allait être le nouveau système international. Ils en ont déduit que le communisme n'avait pu résister à la diffusion de leur modèle de démocratie et d'économie, ce qui les a convaincus du bien-fondé et de la supériorité de leurs valeurs. Puisque l'Histoire leur a donné raison sans qu'ils aient cherché à être dominateurs, ils ont décidé d'étendre leur modèle au monde entier pour le bien de l'humanité et leur propre bénéfice.

Les fondements du messianisme américain

Les États-Unis se considèrent plus que jamais porteurs d'un destin manifeste. Les Américains perçoivent leur pays comme l'« empire du bien », dévoué aux notions universelles de liberté et de justice, ce qui lui donne, à leurs yeux, des responsabilités mondiales. Cela transparaît dans les nombreuses publications qui ont accompagné la chute de l'URSS et la réévaluation du rôle de l'Amérique.

« Les Américains ne doivent pas nier que, de toutes les nations du monde, c'est la leur qui est la plus

1. Bruno Colson, « La stratégie américaine et l'Europe », *Hautes Études stratégiques*, n° 7, ISC/FED/EPHE, 1997, p. 11.

juste, la plus tolérante, la plus désireuse de se remettre en question et de s'améliorer en permanence, et le meilleur modèle pour l'avenir[1]. »

« L'Amérique est devenue la seule nation indispensable (...). La plus grande démocratie du monde doit prendre la tête des démocraties (...) de sorte à poursuivre la mission éternelle de l'Amérique[2]. »

Être devenu le seul empire dont personne ne met sérieusement en doute la puissance et le premier empire de l'Histoire à étendre son influence sur la terre entière donne le sentiment d'une réussite absolue. Par ailleurs, il est primordial de maintenir cette puissance. Il faut donc encourager les autres pays à s'aligner sur ses propres comportements.

L'objectif des États-Unis est la promotion de la démocratie de marché et l'exportation du système libéral. Ils ne recherchent pas la domination en soi, mais l'imposition de leur modèle pour ce qu'ils considèrent être le bien du plus grand nombre. Leur attitude repose sur la conviction que la primauté accordée à la recherche du profit peut assurer un enrichissement planétaire, permettant d'éradiquer la pauvreté et d'accéder à un bien-être universel générateur de bonheur et de paix. Les États-Unis sont aujourd'hui convaincus que l'avenir du système international passe par l'établissement d'une culture démocratique globale dont ils incarnent le mieux l'exemple. Bien entendu, ils s'arrogent le droit de

1. David Rothkopf, « In praise of cultural imperialism ? », *Foreign Policy*, n° 107, Washington, été 1997.

2. Président Clinton, discours d'inauguration de son second mandat.

conduire cette évolution bénéfique de la vie du monde. « Le leadership des États-Unis est bon pour les États-Unis et pour le monde (...). Les États-Unis et d'autres pays continuent de bénéficier du leadership américain dans la politique internationale. Le leadership des États-Unis demeure nécessaire dans les relations économiques internationales à la fois pour le bien direct des États-Unis, qui devraient bénéficier de l'intégration économique des pays émergents, et pour assurer la stabilité mondiale, dont la démocratie et le libéralisme sont les meilleurs auxiliaires[1]. »

Ils pensent en conséquence être les mieux placés pour distinguer le bien et le mal et donc pour répandre le premier et chasser le second ; mais sans jamais perdre de vue leur propre intérêt. Car ce messianisme américain n'a rien de naïf : charité bien ordonnée commence par soi-même. N'oublions jamais que *the business of America is business*. Les États-Unis ne sont pas lancés dans une croisade pour la démocratie, mais dans un engagement pragmatique visant à soutenir des démocraties de marché là où leurs propres intérêts stratégiques sont en jeu. Ils peuvent vivre avec des démocraties sociales de type européen, mais ils doivent essayer d'en déterminer l'évolution. De plus, leurs intérêts peuvent aller jusqu'à nouer des liens d'amitié avec des États non démocratiques, voire à les défendre, pour des raisons de bénéfice mutuel. L'Amérique a une conscience aiguë de ses intérêts et sait assurer sa

1. *National Export Strategy*, 1996.

cohésion lorsqu'il s'agit de les promouvoir ; elle souhaite la liberté et l'indépendance pour tous, mais elle n'en est le champion et le justicier que pour elle-même[1] ; et, dans un élan confondant de candeur, elle se demande pourquoi d'autres la taxent d'impérialisme.

Pragmatique, l'attitude américaine consiste à combiner intérêts et idéaux. « Nous devons continuer à façonner un système économique global qui travaille pour l'Amérique[2]. » Cette approche géoéconomique a pour but de servir « les intérêts de l'Amérique, c'est-à-dire à court terme le maintien de son statut de superpuissance planétaire et, à long terme, l'évolution vers une coopération mondiale institutionnalisée (...). Les trois grands impératifs stratégiques se résumeraient ainsi : éviter les collusions entre vassaux et les maintenir dans l'état de dépendance que justifie leur sécurité ; cultiver la docilité des sujets protégés ; empêcher les barbares de former des alliances offensives[3] ».

Ainsi, le partenariat n'est-il nullement à l'ordre du jour. Dans les Balkans, au Moyen-Orient ou ailleurs, c'est Washington, seul, qui détermine la politique qu'il convient de conduire. Dès lors que l'on appartient à leur camp, les États-Unis considèrent que leur autorité prévaut et que chacun doit adopter intégrale-

1. T.-G. Carpenter, « An independant course », in *America's Purpose. New Visions of US Foreign Policy*, San Francisco, ICS Press, 1991, p. 98.

2. « Madeleine Albright statement before SFRC, january 8 », *United States Information Service*, 9 janvier 1997, p. 8.

3. Zbigniew Brzezinski, *Le Grand Échiquier. L'Amérique et le reste du monde*, Hachette, coll. « Pluriel », 1997, p. 68.

ment les valeurs et les directions qu'ils donnent. La contestation et la contradiction ne sont guère admises et sont très mal vécues. Le Royaume-Uni ainsi que la majorité des pays européens jouent ce jeu avec discipline. L'attitude de la France, qui définit ses propres intérêts et positions, exaspère Washington. Toute revendication ou différence française est considérée comme déviationniste, voire comme une « trahison ». Le différend relatif à la guerre en Irak en a été un exemple édifiant.

Comme le résume magistralement Pierre Hassner, l'attitude américaine se caractérise par « le droit absolu que s'arrogent actuellement les États-Unis de juger souverainement du bien ou du mal, notamment en ce qui concerne l'emploi de la force, et de s'exempter avec une bonne conscience totale des règles qu'ils proclament et appliquent pour les autres (...). Ils sont radicalement souverainistes pour eux-mêmes et radicalement interventionnistes pour les autres[1] ».

Toutefois, la Maison-Blanche ne compte pas seulement sur la force militaire pour imposer cette supériorité. L'objectif des États-Unis n'est pas le règne mais la prospérité, convaincus qu'ils sont que de la prospérité vient le règne. Leur stratégie repose sur une compétition économique aussi tendue et intense que tolérable. Reste à savoir où se situe le seuil de tolérance pour les uns et pour les autres. Car, en économie comme en politique internationale, les États-

1. Pierre Hassner, « Les États-Unis : empire de la force ou la force de l'empire ? », *Les Cahiers de Chaillot,* n° 54, Institut de sécurité de l'Union européenne, Paris, 2002, p. 95.

Unis ne sont nullement partisans de l'établissement d'un partage pacifique du monde : ils veulent être les maîtres des marchés.

D'ailleurs, la logique de l'administration américaine est la création de valeur : elle regarde le monde comme un marché et le PNB des États-Unis comme un chiffre d'affaires qui doit toujours être en hausse. Dès lors, il est logique que gouvernement et entreprises se rejoignent afin de concevoir une stratégie leur permettant de gagner toujours plus de parts de marché et d'écarter tout concurrent. Les États-Unis sont déterminés à se mobiliser pour gagner la compétition économique, comme le déclarait Warren Christopher : « Nous devons mettre autant d'énergie à conquérir les marchés que nous en avons dépensé pour gagner la Guerre froide. »

LA NOUVELLE STRATÉGIE AMÉRICAINE ET SES MODALITÉS

Afin de défendre leurs intérêts et d'asseoir leur autorité partout dans le monde, les États-Unis ont conçu pour le XXIe siècle une stratégie globale qui s'organise autour de trois axes : militaire, économique et culturel. Ceux-ci sont en interrelation constante au sein d'un ensemble que les Américains appellent aujourd'hui la « stratégie nationale de sécurité ». Ils correspondent à ce que certains considèrent comme les trois articulations modernes de la puissance, à travers les modes de destruction, les modes de production et les modes de communication.

La stratégie militaire

Les options militaires de la stratégie globale ont été redéfinies avant le 11 septembre 2001 et les attentats terroristes n'ont fait que renforcer les moyens qui leur sont accordés. La puissance militaire conserve aux yeux des États-Unis un rôle privilégié, puisqu'il revient à ce pays, en définitive, de garantir l'ordre international.

Face aux nouvelles menaces, les États-Unis doivent aujourd'hui exercer plus que jamais leur leadership à l'extérieur pour être en sécurité chez eux. Il leur faut être prêts à utiliser tous les instruments de leur puissance pour influer sur les actions des autres États et des acteurs non étatiques[1]. Il convient d'empêcher que l'Europe et le Japon ne portent ombrage à leur domination, et l'OTAN, véhicule des intérêts américains en Europe, doit rester le premier garant de la sécurité sur le Vieux Continent. Une extension du rôle de l'organisation hors de son théâtre habituel ne peut que servir les intérêts de Washington dans la mesure où cela permet aux Américains de contrôler les opérations entreprises, afin qu'elles ne se fassent pas sans eux ou contre leurs intérêts ; au demeurant, cela donne au monde l'illusion d'une action multilatérale, qui légitime la prééminence américaine.

Les trois objectifs désignés par George Bush Junior à son administration attestent déjà clairement l'élargis-

1. Bruno Colson, « La stratégie américaine de sécurité et la critique de Clausewitz », *Stratégique*, n° 76, Institut de stratégie comparée, 4/2000, p. 153.

sement du champ des rapports de force : guerre préventive contre des puissances hostiles fabriquant des armes de destruction massive, acquisition de nouvelles réserves pétrolières destinées à répondre à la hausse de la demande intérieure américaine dans les vingt-cinq années à venir et lutte contre le terrorisme international. Cette triple orientation stratégique officialise l'interaction très forte qui existe entre le monde militaire et les milieux économiques[1]. Les promoteurs de cette doctrine défendent l'idée selon laquelle il faut aller sur place déraciner le « mal » là où il se trouve pour que le modèle de société démocratique triomphe partout.

L'intervention en Irak, qui symbolise la nouvelle politique de « guerre préventive » contre le terrorisme et l'« axe du mal », définie au lendemain du 11 septembre, marque une orientation nouvelle de la diplomatie américaine. « Elle était pourtant réclamée depuis une décennie par les ultra-conservateurs américains et, ne nous y trompons pas, elle s'inscrit parfaitement dans le processus de redéploiement de la stratégie diplomatique des États-Unis à l'égard du reste du monde[2]. »

Au départ, rien ne prédestinait le président George Walker Bush à rompre avec sa culture conservatrice et isolationniste. Mais les attentats du 11 septembre 2001 ont été vécus comme un traumatisme majeur

1. Christian Harbulot, « La volonté de puissance américaine », in *Revue française de géopolitique*, n° 1 ; *Géopolitique des États-Unis*, Ellipses, 2003, p. 63.

2. Christian Blanckaert, « Conclusion », in Bruno Durieux et Patrick Messerlin, *Relations commerciales...*, *op. cit.*, p. 259.

par l'Amérique. Cet événement funeste a permis à l'entourage néoconservateur du Président d'imposer sa vision géopolitique d'une Amérique impériale, dont le modèle politique et démocratique s'avère plus que jamais exportable au reste du monde. Au cœur de cette galaxie, on trouve Dick Cheney, vice-président, Condoleezza Rice, secrétaire au département d'État, Donald Rumsfeld, secrétaire à la Défense, Paul Wolfowitz, son adjoint – véritable « cerveau » de l'équipe – mais aussi des conseillers, comme par exemple Richard Perle et Robert Kagan. Cette OPA qui s'est exercée sur le président américain ne sort pas du néant. Des années durant, des *Think Tanks* comme Carnegie, Brookings, Council on Foreign Relations, Rand Corporation, Heritage Foundation ou encore le Stimson Center ont minutieusement préparé le terrain et trouvé des relais au sein du pouvoir américain.

À la suite du 11 septembre 2001, les États-Unis ont significativement augmenté leur effort de défense. La progression a été sans équivalent dans le monde comme dans l'histoire de l'administration américaine. À tel point que le budget de la défense des États-Unis est aujourd'hui supérieur à l'ensemble des dépenses militaires de tous les autres États du monde[1]. Et si en 2001 l'effort de recherche et développement (R & D) des six pays européens signataires de la *Letter of Intent* (*LoI*) du 6 juillet 1998[2], sur la coopération en matière d'armement, est supérieur de 40 % en matière civile à celui des États-Unis (50 milliards de dollars

1. Pascal Lorot, « Éditorial », *Géoéconomie*, n° 26, été 2003, p. 5.
2. France, Allemagne, Italie, Espagne, Suède et Royaume-Uni.

contre 37), en matière militaire, la différence explose en sens inverse (44 milliards de dollars pour les États-Unis contre 9,9 pour les pays de la *LoI*)[1]. En conséquence, les États-Unis sont aujourd'hui en situation de « dominance technologique » majeure en matière d'armement. La récente guerre en Irak a démontré, s'il en était besoin, l'importance de leur supériorité technologique lorsque les armes parlent.

De nouveaux concepts d'emploi et le développement d'outils informatiques et informationnels ont conféré aux forces américaines une réelle supériorité quant à la vitesse, à la coordination, à la flexibilité et à la parfaite prise en compte du champ de bataille. Ils ont modifié en profondeur l'héritage militaire de la Guerre froide. Même s'il a fallu du temps et de l'énergie pour transformer l'armée des États-Unis, celle-ci est désormais très en avance quant à l'intégration et à l'utilisation des systèmes d'information[2].

La stratégie économique

Jusqu'à la fin des années 1980, le dispositif américain s'est caractérisé, malgré sa puissance, par un déficit d'efficacité collective, illustré notamment par la faiblesse des synergies entre l'État et les entreprises. En réaction ont eu lieu, au début des années 1990, des réflexions sur la perte de compétitivité de

1. Observatoire économique de la défense, « L'effort de recherche-développement des États-Unis et des principaux pays européens », *ECODEF,* mars 2003, p. 2.
2. Martin Lundmark, « Intégration et désintégration de la sécurité transatlantique : impact sur l'industrie de défense », *Géoéconomie*, n° 26, été 2003, pp. 88-89.

l'économie du pays observée durant la décennie 1980. Puis les questions économiques se sont affirmées au premier rang des préoccupations américaines de sécurité de l'après-Guerre froide.

La première administration Bush a jeté les bases d'une politique de sécurité économique à travers différentes initiatives : réorientation des activités des agences de renseignement (CIA, NSA, FBI) ; création d'une agence réunissant le Pentagone, le département de l'Énergie et les agences de renseignement pour assurer la protection et la gestion de toutes les informations confidentielles dans les domaines technologiques et économiques (l'Information Security Oversight Office) ; élaboration d'un programme afin de sensibiliser la communauté technologique et industrielle américaine à la défense de ses intérêts par le biais de la coopération militaire avec l'étranger (National Industry Security Program)[1].

La tendance s'est encore accentuée sous l'administration Clinton, qui a fait de la sécurité économique le premier objectif de sa politique étrangère et de la prospérité l'objectif central de la stratégie américaine de sécurité. Elle a lancé une politique agressive de soutien aux exportateurs et d'« aplanissement du terrain » là où leur victoire était dans l'intérêt national.

Le 13 janvier 1993, le secrétaire d'État américain, Warren Christopher, déclarait au Sénat américain : « La sécurité économique américaine doit être élevée

1. Jean Pichot-Duclos et Christian Harbulot, « L'émergence d'un nouveau type de renseignement », *Enjeux atlantiques*, n° 11, avril 1995, p. 20.

au rang de première priorité de la politique étrangère américaine. » Il ajoutait dans ce même discours qu'« il faut faire progresser la sécurité économique américaine avec autant d'énergie et de ressources qu'il en a fallu pour la Guerre froide ».

Quelques mois plus tard, dans un article devenu célèbre, Edward Luttwak résumait de façon très claire ce qu'était l'état d'esprit animant la politique économique de la nouvelle administration : « Dans la géoéconomie, la puissance de feu, c'est le capital ; la pénétration des marchés remplace les bases à l'étranger et les garnisons. Les équivalents des armes nucléaires (...) sont les politiques industrielles ou d'investissement[1]. » Pour survivre et se développer dans le contexte concurrentiel de l'après-Guerre froide, les États-Unis sont appelés à transformer leur système de production en machine de guerre économique. Si la première puissance mondiale n'accomplit pas cette mutation, elle risque d'entrer dans une logique de déclin. Son leadership passe avant tout par l'obtention de succès économiques. Désormais, la sécurité américaine ne sera plus perçue sous le seul angle de la sécurité militaire. La prospérité économique des États-Unis, la volonté de maîtriser seuls les programmes clés du XXIe siècle (télécommunications, aéronautique, spatial, médecine de pointe, etc.) sont devenues les premiers objectifs d'une stratégie de sécurité globale à forte dominante économique.

La première grande réforme de Bill Clinton répond à ces objectifs. Aux côtés du Conseil national

1. Edward Luttwak, *Fortune*, 26 juillet 1993.

de sécurité est créé un nouvel organisme de décision, le Conseil économique national (National Economic Council). Son rôle est de fournir au président des États-Unis l'information nécessaire pour mettre en œuvre la stratégie nationale d'exportation lancée en 1993 et assurer à la puissance américaine le leadership technologique mondial[1].

La domination par les technologies de pointe

L'administration américaine considère que les industries de haute technologie – même si elles doivent théoriquement obéir aux lois du marché – sont des industries stratégiques qui garantissent, sur le plan économique, une base industrielle et technologique innovante, qui favorisent le dynamisme de l'économie (exportations, croissance, emploi, revenus) et qui contribuent activement à la sécurité nationale. Ainsi, l'Office of Technology Assessment américain a recensé vingt-deux technologies de pointe qui seront déterminantes pour l'avenir. Leur objectif est de verrouiller ces créneaux technologiques en vue de créer des zones réservées aux industries américaines, afin d'assurer la domination technologique et économique des États-Unis au siècle prochain. Ainsi l'État ne se satisfait-il pas d'aider les entreprises actuelles à innover mais cherche-t-il aussi à faire émerger celles qui n'existent pas encore et sont nécessaires pour la poursuite de la croissance du pays.

1. Christian Harbulot, « La volonté de puissance américaine », *art. cit.*, pp. 67-68.

En novembre 1993, l'administration Clinton met en place le National Science and Technology Council, organisme de coordination interministérielle dont la finalité est notamment de réfléchir à des stratégies de soutien à la recherche technologique dans les secteurs où les États-Unis disposent d'opportunités d'exportation, en particulier en direction des marchés émergents. Parallèlement, elle n'a cessé d'encourager l'osmose entre les domaines civil et militaire, ayant compris qu'à l'avenir de nombreuses technologies à dominante civile généreront des applications militaires. Au cours de l'année 1996, près de deux mille opérations de fusion ou d'acquisition d'entreprises se sont réalisées aux États-Unis, pour une valeur de 164,6 milliards de dollars, soit une croissance de 26 % en volume et de presque 50 % en valeur. L'objectif explicite de ces concentrations était de préserver le leadership américain sur l'ensemble du spectre des technologies de souveraineté.

Selon Claude Rochet[1], sous l'impulsion du président Clinton et de son vice-président Al Gore, « les États-Unis ont pris une avance considérable dans le cinquième cycle de Kondratiev[2] qui commence, fondé sur les technologies de l'information. Cette suprématie a été acquise par une politique délibérée fondée sur l'intervention massive de l'État dans quatre domaines : la recherche fondamentale

1. « Les États-Unis : tigre en papier politique et leader technologique ? », *Géoéconomie*, n° 24, hiver 2002, pp. 120-121.

2. Cycles économiques longs d'une centaine d'années, associés à la croissance d'une nouvelle technologie, mis en évidence par Nikolaï Kondratiev, économiste russe (1892-1938).

(...), la dynamique du capital-risque qui permet aux inventions de se transformer en innovations (...), l'action anti-trust de l'État (...) et la définition des standards, qui est le plus sûr moyen de constituer des barrières à l'entrée pour d'éventuels nouveaux compétiteurs ».

À partir de 2000, la nouvelle administration Bush s'est employée à mieux coordonner les efforts nationaux dans le domaine des hautes technologies, qu'elles soient militaires ou civiles, de manière à assurer le leadership américain sur l'ensemble du spectre des technologies nécessaires à la sécurité des États-Unis. Les principales initiatives en la matière ont été : des aides directes et indirectes aux industriels de pointe, dans le domaine de la R & D ; plusieurs séries de mesures visant à favoriser l'exportation, sur le plan mondial, de produits américains (allègement de la réglementation, incitations financières, etc.) ; des aides aux restructurations (dérogations, aides financières du Pentagone) ; enfin, l'implication, au plus haut niveau, du gouvernement dans les ventes dites politiques.

Aujourd'hui, les États-Unis sont le premier pôle de développement des technologies émergentes, en raison de l'excellence de leur potentiel de formation supérieure, des moyens que peuvent mobiliser leurs industriels et grâce aux ressources financières dont disposent les programmes technologiques du département de la Défense, de la NASA ou de la National Science Foundation[1].

1. Jean-Louis Bassano, *Les Technologies émergentes...*, *op. cit.*, p. 55.

L'énormité des capacités industrielles américaines écrase tout concurrent et donne, sans comparaison aucune avec les autres pays, une certaine flexibilité et une liberté de choix au gouvernement américain. De plus, les liens entre des concepts tels que l'intérêt national, la stratégie nationale, la doctrine militaire, la projection de puissance, ont une influence significative sur la dynamique de l'industrie de défense américaine[1].

La conquête des marchés internationaux

Pour s'imposer sur les marchés mondiaux, les États-Unis ont mis en place une « diplomatie pour une compétitivité globale », associant aide au développement, assistance technique et interventions directes afin d'influer sur le dénouement des négociations de grands contrats internationaux. Ils ont également réorienté les personnels du département d'État sur les questions économiques et commerciales[2] et ont lancé une « stratégie nationale d'exportation ». Les objectifs économiques de cette stratégie d'exportation bénéficient d'une définition rigoureuse des secteurs sur lesquels doit reposer la prospérité américaine. Dix-huit marchés émergents ont été sélectionnés : ils devraient représenter, vers 2010, des marchés supérieurs à ceux de l'Europe occidentale.

Présentée à l'origine comme un moyen de développer des emplois nombreux, qualifiés et mieux rémunérés, la politique de soutien à l'exportation devient de

1. Martin Lundmark, « Intégration et désintégration de la sécurité transatlantique… », *art. cit.*

2. Bruno Colson, « La stratégie américaine... », *art. cit.*, p. 33.

plus en plus clairement, y compris au niveau du discours, une stratégie de conquête économique du monde. Elle est totalement liée aux autres politiques à l'international, comme l'aide au développement et l'influence multilatérale. Désormais, la prise de contrôle des standards juridiques, commerciaux, éthiques et culturels d'un pays donné devient un véritable enjeu de la compétition économique. Concernant les standards juridiques, il s'agit de réguler l'économie mondiale par le droit, ce qui en soi est un objectif partagé entre démocraties. Mais le type de droit mis en place favorisera ou non les débouchés commerciaux. Et, par une approche d'influence multiforme, l'on fabrique l'opinion avant de fabriquer le consentement. L'approche américaine permet également d'écarter sans combat la concurrence et d'accéder, a priori naturellement, aux sources d'informations locales. En prenant le contrôle de celles-ci, l'on assoit encore davantage son influence et l'on accroît l'imposition des standards de société souhaités. Ces pratiques d'influence, efficaces et souvent dissimulées, sont un préalable à la politique américaine de conquête des marchés mondiaux.

En prolongement de la politique initiée du temps de George Bush I, l'administration Clinton s'est attachée à renforcer la cohésion et le poids de sa diplomatie commerciale. En premier lieu, un comité interministériel de promotion des exportations américaines (Trade Promotion Coordinating Comittee) est créé en 1992[1]. Puis, à

1. Dirigé dès sa création par le secrétaire d'État au Commerce, Ron Brown.

partir de 1993, est mis en œuvre le concept d'*Advocacy Policy*, qui inclut la planification stratégique, la collecte d'informations utiles en temps réel, la sélection des projets stratégiques, le financement et l'évaluation finale. Face à la dispersion des efforts, l'administration américaine a créé un « centre nerveux » capable de mobiliser dans un effort commun l'ensemble des intervenants du commerce extérieur. Cela a été, dès 1993, le but de l'*Advocacy Network*, dont deux innovations déterminantes sont l'implication des milieux d'affaires au stade préliminaire des projets et l'affirmation de la part consacrée aux petites et moyennes entreprises[1]. Dans ces jeux, les milieux d'affaires et l'administration jouent en équipe de double[2].

L'administration Clinton a ainsi lancé une stratégie multiforme d'expansion internationale dont les fondements et les objectifs sont toujours d'actualité. C'est à cette diplomatie économique de choc qu'est consacrée la suite de cet ouvrage.

La stratégie culturelle

S'il n'existe pas de stratégie culturelle définie en termes explicites par la Maison-Blanche, la suprématie informationnelle est au cœur des nouvelles stratégies de conquête de pouvoir. Un ancien responsable de l'administration Clinton s'en félicitait : « Pour les États-Unis, l'objectif central d'une politique étran-

1. Claude Revel et Isabelle Pedron-Liou, *La Diplomatie exportatrice des États-Unis*, Observatoire du marché international de la construction, Paris, octobre 1997, p. 7.
2. *Ibid.*, p. 31.

gère de l'information doit être de gagner la bataille des flux de l'information mondiale, en dominant les ondes tout comme la Grande-Bretagne régnait autrefois sur les mers[1]. » Le culturel est intégré au politique, au militaire et à l'économique, et leur sert de vecteur. La droite néoconservatrice américaine a fort bien assimilé le concept d'hégémonie culturelle du marxiste Antonio Gramsci qui a montré qu'il suffit à un groupe restreint d'avoir l'hégémonie culturelle pour dominer toute la population. Actuellement, une dizaine de fondations américaines, construites sur des fortunes industrielles colossales, distribuent chaque année plusieurs centaines de millions de dollars à des chercheurs, à des médias et à des universités, créant ainsi leur propre marketing des idées.

Dans cette perspective, la diffusion du modèle culturel américain est naturellement primordiale et d'autant plus aisée à mettre en œuvre que les États-Unis ont inventé le mode de vie moderne et qu'il est servi par une industrie du spectacle (musique, cinéma, télévision) qui en est le principal promoteur. Une stratégie culturelle transparaît ainsi derrière les puissants moyens mis à la disposition de l'United States Information Service (USIS)[2]. De plus, le leadership américain dans la révolution de l'information a considérablement accru l'ouverture aux valeurs américaines. Les capacités qu'ont les Américains à communiquer directement avec les publics étrangers, littéralement par-dessus la tête de leurs gouvernants,

1. Cité par David Rothkopf et Herbert I. Schiller, « Vers un siècle d'impérialisme américain », *Le Monde diplomatique*, août 1998.

2. Bruno Colson, « La Stratégie américaine », *art. cit.*, pp. 45 et 105.

ouvrent de grandes possibilités pour répandre leur influence à travers le monde. La propagation de ces messages s'appuie sur la maîtrise des canaux de diffusion et de leur contenu, chacun aidant l'autre[1].

Les États-Unis disposent d'excellentes armes culturelles : le monde du spectacle et des médias, la langue anglaise, l'immigration, le tourisme, les universités, les systèmes d'information. Ils encouragent donc la diffusion des programmes télévisés américains, des films, de l'anglais, la venue de touristes et d'étudiants aux États-Unis. Les instruments de la puissance américaine sont autant CNN et Hollywood, Coca-Cola, McDonald's et Nike, la langue, les phénomènes culturels ou de mode de vie, que les porte-avions ou les missiles de croisière. Certains de leurs concurrents l'ont bien compris, qui à leur tour créent des chaînes internationales : DW en Allemagne, chaîne internationale en anglais que les professionnels séjournant dans les grands hôtels internationaux connaissent bien comme alternative à CNN, Al Jazira plus récemment au Qatar et bientôt sans doute la chaîne internationale française.

Certains vont encore plus loin : « Il va de l'intérêt politique et économique des États-Unis de veiller à ce que, si le monde adopte une langue commune, ce soit l'anglais ; que s'il s'oriente vers des normes commu-

1. Étant donné l'importance de l'espace dans la transmission des données (téléphone, audiovisuel, fax, réseaux informatiques, Internet), les États-Unis s'étaient assuré dès les années 1960 un rôle à part dans le réseau Intelsat des télécommunications civiles, influence renforcée et imposée par les privatisations des années 1980 (Thierry Garcin, « L'espace, outil géopolitique des États-Unis », in *Revue française de géopolitique*, n° 1 ; *Géopolitique des États-Unis*, Ellipses, 2003, p. 49).

nes en matière de télécommunications, de sécurité et de qualité, ces normes soient américaines ; que si les différentes parties sont reliées par la télévision, la radio et la musique, les programmes soient américains ; et que, si s'élaborent des valeurs communes, ce soient des valeurs dans lesquelles les Américains se reconnaissent[1]. » Cette maîtrise des canaux d'information et la diffusion volontariste de leurs valeurs débouchent sur une véritable « normalisation » des goûts et des comportements. La communication est utilisée pour atteindre un objectif d'acculturation général des masses et leur adhésion aux valeurs américaines. Pour caricaturer, un pays qui a adopté la langue anglaise, le droit anglo-saxon et le système universitaire américain, qui boit Coca-Cola, mange McDonald's et s'habille en Nike, regarde CNN et écoute le rock américain, est un pays difficile à pénétrer par la culture et les produits d'une autre nation.

Les stratégies d'influence économique et culturelle visent ce que l'intellectuel Joseph Nye[2] a appelé le *Soft Power* ou que d'autres nomment *Benevolent Power.* L'idée est la même, celle d'un pouvoir bienveillant qui s'impose par une règle douce. Il agit par l'influence sur les préférences des partenaires. Il repose sur des valeurs immatérielles offrant un grand pouvoir d'attraction. Cette attraction ne va pas de soi et suppose l'exercice habile de la conviction par un traitement professionnel de l'information. Celui-ci

1. David Rothkopf, « In praise of cultural imperialism ? », *art. cit.*
2. Joseph Nye, *The Paradox of American Power – Why the World's Only Superpower Can't Go It Alone,* Oxford University Press, New York, 2002.

doit en permanence servir et couvrir la volonté de puissance. Parfois il la cache difficilement. L'administration Clinton était passée maîtresse dans ces jeux qui demandent à la fois force (dans la volonté), finesse (dans la définition des stratégies) et solidarité des acteurs nationaux (dans l'action). Si l'administration Bush II paraît évidemment moins douce, il ne faudrait pas pour autant penser qu'elle a abandonné les stratégies et les méthodes d'intelligence et d'influence dans le champ de la maîtrise de la mondialisation.

3

Une nouvelle dynamique : l'*Advocacy Policy*

Le cœur de la politique américaine d'expansion économique est la stratégie nationale d'exportation. Celle-ci a donné lieu à un véritable système national d'intelligence économique, né des intenses réflexions menées depuis la fin des années 1980.

L'efficacité générale de la diplomatie économique américaine relève d'une capacité d'obtention, d'échange et d'exploitation de l'information entre une multitude d'acteurs et de décideurs, fédérés par des réseaux d'intérêts et de connivences. Cette information peut être tout aussi bien ouverte, c'est-à-dire circulant sur des supports publics, que fermée, c'st-à-dire recueillie de manière confidentielle. Traumatisée par les succès remportés par le Japon jusque dans les années 1980, l'Amérique a compris que, dans la guerre de l'information, la victoire dépendrait de l'accélération et de la simplification des procédures de recueil, de mémorisation, d'analyse et de diffusion de l'information stratégique. Celle-ci est en effet le véritable défi des prochaines années, avec l'enseignement et les technologies de l'information. Ainsi s'est constituée une coalition à la fois informelle et opérationnelle où convergent des intérêts gouvernementaux, militaires et commerciaux, embrassant les industries de l'information, des médias et de l'informatique. La perception du monde qu'ont ces acteurs est résolument électronique et leur champ de vision est une planète sous emprise américaine. Le moyen d'atteindre cet objectif est le contrôle le plus étroit possible du complexe information-médias parce qu'il confère le pouvoir culturel et le pouvoir tout court[1].

L'originalité, l'intérêt et l'efficacité des stratégies internationales américaines tiennent en grande partie à la liaison renforcée entre les diverses administrations, d'une part, et entre le secteur public, le secteur privé et la société civile, d'autre part. Ces connexions ont été voulues et mises en place avec succès par les différents gouvernements américains. Il est clair qu'une volonté politique forte les soustend, qui transcende les divergences. Le système trouve sa force dans le fait qu'il n'est pas qu'une boîte à outils mais repose sur une vraie doctrine et une volonté de coordination sans faille. Il s'exerce grâce à l'engagement concret et suivi de l'administration, à travers l'*Advocacy Policy*, politique de promotion des intérêts économiques américains partout dans le monde.

Les acteurs américains concernés ne sont pourtant pas toujours en harmonie. Régulièrement s'engagent

1. Herbert I. Schiller, « L'information, atout maître de l'empire américain », *Manière de voir – Le Monde diplomatique*, janvier 1999, pp. 10-14.

des débats sur l'avenir du dispositif d'aide à l'exportation. Il est tantôt question de supprimer purement et simplement certains organismes de soutien, tantôt de les privatiser. Du côté des entreprises, certains aspects de cette politique, notamment les sanctions unilatérales prises contre des pays tiers, ne font pas l'unanimité et sont parfois sévèrement critiquées par les associations d'entrepreneurs.

Mais la capacité d'union est malgré tout plus forte qu'en Europe, y compris avec des organismes de la société civile, religieux ou humanitaires. L'idée est de faire coopérer de manière étroite tous les acteurs engagés à l'international, l'État dans toutes ses composantes, y compris services de renseignement[1], entreprises, médias, ONG, *Think Tanks*. Autre point fort des Américains, les organismes privés ne se reposent pas sur l'État et ont eux-mêmes aussi mis en place des réseaux d'influence actifs à l'étranger. Leurs cibles sont d'ailleurs communes pour la plupart.

AGIR ENSEMBLE POUR GAGNER

Les fondements de la politique d'*Advocacy*

Dès sa première élection en 1992, le président Clinton avait placé la promotion des exportations américaines au rang de ses priorités. Dans le même temps, il avait dû faire face à l'opposition virulente

---

1. Général Mermet, « Le renseignement, facteur d'union ou de discorde ? Quel jeu pour la France entre l'Europe et l'Amérique ? », Actes du colloque *Quel renseignement pour le XXIe siècle*, Lavauzelle, 2001, p. 55.

d'une partie des républicains conservateurs et des démocrates libéraux du Congrès et du Sénat, ceux-ci accusant les organismes de soutien aux exportations de *Corporate Welfare* (en référence au *Public Welfare*, assistance sociale américaine pour les plus démunis). Considérant que les entreprises privées ont les moyens suffisants pour faire leur propre promotion, ils estimaient qu'il n'existait aucune raison que les contribuables américains les financent, surtout en période de restrictions budgétaires[1]. C'est ce contexte qui a conduit l'administration américaine à développer des stratégies fondées sur l'influence et à utiliser parfois des armes comme les sanctions ou menaces, par exemple contre les exportateurs étrangers entretenant des liens commerciaux avec Cuba et la Libye. Ces mesures ne coûtent rien en termes budgétaires et flattent à peu de frais une partie de l'opinion publique et des parlementaires, ainsi rendus plus enclins à accepter le financement des organismes de soutien à l'exportation. Elles ont néanmoins une importance capitale pour les exportateurs, en particulier européens, puisqu'elles sont souvent prises « à leur intention ».

Quelle que soit la couleur politique de la présidence, la politique d'*Advocacy* ne doit pas coûter cher. Les entreprises, relayées par les membres du Congrès, martèlent cet impératif en permanence. Du coup, comme le déclarait fièrement le secrétaire d'État au Commerce, Donald L. Evans, en mai

1. Le gouvernement américain s'était en effet engagé à équilibrer totalement son budget à partir de 2002.

2003[1], les États-Unis continuent d'avoir les pourcentages de PNB les plus bas en matière de moyens humains et de dépenses consacrés à l'aide à l'export. Le budget global du soutien au commerce extérieur s'élevait à 2,3 milliards de dollars en 1996 et il est de 2,5 milliards en 2002. Le Trade Promotion Coordinating Committee, organe de coordination de la politique d'*Advocacy*, fait l'objet d'évaluations régulières par le General Accounting Office, l'équivalent de notre Cour des comptes[2]. Le souci est permanent de vérifier l'utilisation optimale des deniers publics et le « retour sur investissement ». Au final, l'efficacité globale du système est réelle. Il n'est que de constater les nombreux exemples d'affaires gagnées grâce à ce soutien et à l'action en réseau des différents intervenants[3].

Cinq raisons ont été avancées pour légitimer cette politique : contribuer à créer des emplois et à élever le niveau de vie ; soutenir la balance des paiements en une période de déficit budgétaire ; participer à l'essor des énormes marchés potentiels en cours d'ouverture, en Asie, Amérique latine, Europe centrale, Moyen-Orient et y être présent avant les autres ; faire face à des modes d'attribution des marchés publics qui, la

1. Donald L. Evans, *Testimony on Progress Implementing the National Export Strategy Before the Senate Committee on Banking, Housing and Urban Affairs*, 21 mai 2003.

2. Le rapport de 2002 critique l'insuffisante capacité du TPCC à coordonner et à évaluer les résultats de ses actions. United States General Accounting Office, *Report to Congressional Requesters « Export Promotion – Mixed Progress in Achieving a Governmentwide Strategy »*, septembre 2002, GAO-02-850.

3. CNCCEF, *Relations commerciales France-États-Unis, l'Amérique telle qu'elle est*, Eyrolles, 2003.

plupart du temps, ne se font pas au mérite ; et contrer les soutiens illicites accordés par certains gouvernements à leurs entreprises nationales.

Cette politique était à l'origine présentée comme une lutte contre les interventions gouvernementales étrangères qui nuisent aux intérêts commerciaux américains, comme, par exemple : les Européens sur la vente d'Airbus en Arabie saoudite en 1993 ; les Français au Brésil pour la mise en place du système de surveillance du bassin de l'Amazone en 1994 ; les Britanniques pour des actions de lobbying systématique de longue durée en Inde avec l'aide d'officiels et de la famille royale ; le chancelier Helmut Kohl pour avoir directement aidé à obtenir 2,6 milliards de dollars de contrats en Chine en 1994-1995, etc. Étaient particulièrement visés l'aide au développement des Japonais soupçonnée d'être en réalité destinée à favoriser les exportateurs ; les régimes de sociétés mixtes, affectionnés par les Français mais aussi par les Allemands et par les Britanniques, et que les Américains considèrent déloyaux dans leur essence même puisqu'ils ne jouent pas le jeu du marché ; le financement de missions économiques officielles locales qui aident les exportateurs ; le placement de conseillers auprès des agences techniques de gouvernements étrangers ; sans parler des méthodes « contestables » consistant à attribuer des contrats en dehors d'une compétition régulière.

La conclusion des réflexions menées en 1993 a été que, face à ces pratiques déloyales, les États-Unis devaient se doter d'outils performants, capables de les contrer, et, le cas échéant, de faire la même chose.

Il était bien précisé que de tels soutiens ne seraient utilisés que pour rétablir les conditions de concurrence loyale mises à mal par l'intervention des autorités étrangères et après vérification des dires de l'entreprise. Le terme *Level Playing Field*, ou terrain de jeu équitable, revient en leitmotiv dans les documents stratégiques de l'administration. À l'origine la politique d'*Advocacy* était donc défensive et non offensive. Il apparaît néanmoins que le glissement a eu lieu.

La politique d'*Advocacy* est efficace, grâce à son caractère à la fois multiforme et organisé. Multiforme car, ainsi que l'expliquait Jeffrey Garten[1] en 1995, il y a diverses sortes d'*Advocacy*. Les négociations commerciales comme celles de l'ALENA[2] ou du GATT[3] en constituent une partie, par leur recherche de réduction ou d'élimination des barrières tarifaires et non tarifaires, de protection des brevets et marques, etc. Les commissions régulières bilatérales (US Business Development Committees) constituées avec les gouvernements étrangers y participent également, de même que les foires et missions commerciales. Mais l'élément nouveau mis en place en 1993 réside dans l'utilisation du poids de l'administration pour l'obtention de contrats stratégiques à l'étranger par les entreprises américaines.

La politique d'*Advocacy* est multiforme car les acteurs, lieux et moyens des interventions sont divers

1. Jeffrey E. Garten, « Competing to win... », *op. cit.*, p. 4.
2. Accord de libre-échange nord-américain (NAFTA en anglais).
3. Devenu depuis OMC.

dans l'espace et évolutifs dans le temps. Une grande caractéristique de ces actions de soutien est la créativité de leurs auteurs. Sans cesse naissent des programmes et initiatives, en réponse aux nouveaux besoins décelés.

L'*Advocacy* est organisée, car ces interventions s'effectuent dans le cadre d'une double coordination : structurée entre administrations et informelle entre celles-ci et les entreprises, avec des objectifs clairs pour tous.

La coordination des acteurs institutionnels

La logique de coordination mise en place se fonde sur deux piliers : un organe d'orientation et de coordination stratégiques, le Trade Promotion Coordinating Committee, et une structure de coordination opérationnelle, l'Advocacy Center, l'un et l'autre étant parfois appelés de façon journalistique « la War Room ». En réalité « des » War Rooms *ad hoc* ou cellules interministérielles sont mises en place sur des projets ou contrats jugés particulièrement importants, pour décider, mettre en œuvre et suivre des stratégies et des tactiques adaptées avec les acteurs privés concernés.

L'orientation et la coordination stratégiques : le Trade Promotion Coordinating Committee (TPCC)

Créé en 1993, le TPCC est présidé par le secrétaire d'État au Commerce et se réunit au moins une fois par mois. Dix-neuf[1] ministères (départements), agences ou organismes y sont représentés, à haut niveau. Même si cela n'est pas précisé officiellement, les services de renseignement (CIA, NSA) y sont étroitement associés[2].

Le TPCC n'a pas de budget indépendant et aucun pouvoir hiérarchique sur ses membres. Il a pour rôle le recueil et la diffusion de l'information utile ainsi que la planification stratégique des projets. Les dossiers peuvent être portés à son attention par les ambassades ou par les dirigeants d'entreprises. Il sélectionne alors ceux qui donneront lieu à l'*Advocacy*, c'est-à-dire à une intervention spécifique, multiforme et coordonnée de l'État américain pour les soutenir. Les moyens de mise en œuvre restent du ressort de chaque agence. Les sujets sensibles ou controversés sont soumis au National Economic Council ou au National Security Council, tous deux placés sous l'autorité directe du président des États-Unis[3].

1. Les 19 membres du TPCC comprennent :

– 9 membres permanents : départements du Commerce, de l'Agriculture et des Affaires étrangères, US Export-Import Bank (EximBank), Overseas Private Investment Corporation (OPIC), Small and Business Administration (SBA), US Trade Representative (USTR), US Agency for International Development (USAID) et US Trade and Development Agency (TDA) ;

– 10 membres occasionnels, qui contribuent, sous une forme ou une autre, à cette promotion. Les plus fréquemment concernés sont les départements du Trésor, de l'Intérieur, des Transports, de l'Énergie, l'Agence de protection de l'environnement.

2. La communication d'informations stratégiques par la CIA à l'Advocacy Center a été formellement reconnue par l'un de ses anciens directeurs, James Woolsey, *cf.* chapitre 8.

3. Le NEC a été créé en 1993 pour coordonner et suivre les grandes décisions économiques nationales et internationales. Le NSC date de 1947 et a pour fonction de conseiller le Président sur les questions de sécurité nationale et de politique étrangère.

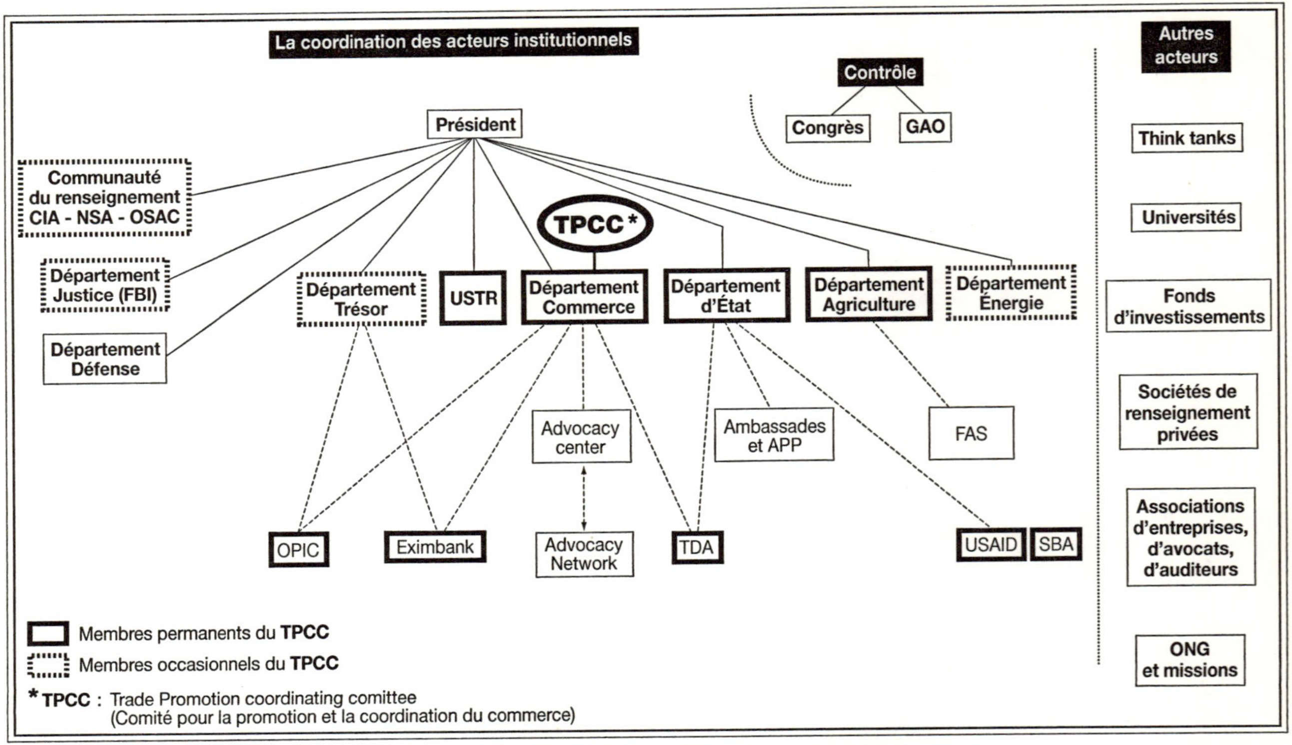

Advocacy : coordinations formelles et informelles

Dans chacun de ses rapports stratégiques annuels (National Export Strategy), le TPCC identifie les grandes priorités des exportations américaines et fixe des cibles géographiques à long terme assorties de sous-priorités thématiques. Tous les ans, les objectifs sont revus et hiérarchisés.

En 1994, le TPCC définissait dix marchés émergents (les *Big Emerging Markets,* BEM) sur lesquels les exportations américaines devaient croître dans les prochaines décennies : en Amérique latine, l'Argentine, le Brésil, le Mexique ; en Asie-Pacifique, l'ASEAN, la Corée du Sud, l'Inde, la Chine étant une priorité à part entière ; en Europe de l'Est, la Pologne, puis des pays-cibles comme la Turquie et en Afrique la République sud-africaine. Le Mexique est naturellement prioritaire du fait de sa proximité et la Russie l'est devenue. Concrètement, dès qu'un pays est inclus dans la liste des BEM, l'administration crée un Business Development Committee qui fixe les mesures d'approche puis de suivi appropriées.

En 1995, il était recommandé de ne pas perdre de vue les marchés traditionnels d'Europe occidentale, du Canada et du Japon. En 1997, la Turquie était ciblée avec un thème précis : lutter contre les barrières spécifiques aux investissements. S'y ajoutait l'Europe centrale (Pologne, Hongrie et République tchèque), zone dans laquelle le traitement de la corruption était mentionné de même que la perte de parts de marché au profit des Européens. En 1998, la Chine était réaffirmée comme une priorité.

Par ailleurs, le TPCC joue un rôle essentiel dans les

pays en crise ou en reconstruction, aidant à repérer le terrain et mettant en place des programmes d'assistance ciblés. En 2003, il travaille entre autres sur l'Irak pour lever les obstacles aux financements[1], pour élaborer un *Business Guide* à l'attention des exportateurs – y compris non américains – qui « ont submergé d'appels les agences et ambassades américaines ».

La coordination des négociations commerciales internationales, multilatérales ou bilatérales entre également dans le domaine de compétences du TPCC, même si elles sont directement gérées par le département du Trésor et le très haut fonctionnaire chargé des questions commerciales internationales, l'US Trade Representative (USTR). Si les négociations multilatérales ont gardé l'importance qu'elles avaient sous le président Clinton, en tant qu'outil de formatage du droit mondial futur, il faut noter depuis l'arrivée du président Bush l'intérêt accru porté aux accords bilatéraux avec des pays ou des organisations régionales.

*La coordination opérationnelle : l'*Advocacy Center[2]

L'*Advocacy Center* est installé au sein du département du Commerce, dont ses quatorze membres permanents dépendent. Créé en 1993, il a pour mission d'assister les firmes américaines qui rencontrent des difficultés dans l'obtention de marchés

1. Donald L. Evans, secrétaire au Commerce, « Rapport sur les progrès dans la mise en œuvre de la National Export Strategy », devant le comité du Sénat sur les questions bancaires, de logement et urbaines, 21 mai 2003.

2. Sans que sa mission en soit fondamentalement modifiée, l'*Advocacy Center* a vu son organisation évoluer fin 2004.

publics étrangers. Cet organisme est axé sur l'obtention de contrats stratégiques. Face à la dispersion des efforts, c'est un « centre nerveux » capable de mobiliser dans un effort commun l'ensemble des intervenants publics et privés susceptibles de favoriser le succès des entreprises américaines à l'international. Il s'intéresse particulièrement aux actions déloyales menées par les décideurs des pays ciblés et aux manœuvres des concurrents étrangers, entreprises et États, qui les soutiennent, ainsi qu'aux retards bureaucratiques.

Il instruit et coordonne opérationnellement les interventions des différentes agences du TPCC sur un même dossier. En cas de participation de plus d'une entreprise américaine sur un même projet, l'Advocacy Center défendra la présence américaine en général. Cela signifie concrètement que chacune des entreprises américaines en compétition pourra se prévaloir du soutien de son État. Il assure également la planification des actions, qui vont d'un simple appel téléphonique à un gouvernement étranger jusqu'à la visite d'officiels et le soutien financier. Il coordonne l'objet et le suivi des missions présidentielles.

L'*Advocacy Center* entend toucher toutes les entreprises américaines qui auraient besoin de ses services et, pour ce faire, s'appuie sur les antennes des agences de soutien à l'exportation dans les différents États. Ce réseau est appelé l'*Advocacy Network*.

La prise en compte des besoins du secteur privé

Dans la démocratie américaine, l'intérêt général résulte de l'expression, de l'addition, de la confrontation et l'arbitrage entre divers intérêts dont les intérêts privés, exprimés par les lobbies, contrairement à la démocratie représentative française qui délègue la définition et la défense de l'intérêt général aux seuls représentants élus du peuple, c'est-à-dire, *in fine*, à l'État. Aux États-Unis, le jeu des contre-pouvoirs puis le contrôle parlementaire réel assuré par le Congrès assurent le respect final de l'intérêt général. En France, celui-ci est délégué au pouvoir exécutif et à l'administration, relativement peu contrôlés par les élus. La doctrine américaine a des applications très concrètes, notamment la puissance et le caractère quasi institutionnel des lobbies. Il faut préciser que l'activité des lobbies parlementaires est encadrée : ils doivent depuis 1946 se faire enregistrer et ils produisent des comptes trimestriels publics. C'est par leur biais que les entreprises et associations d'entreprises exercent un pouvoir – considérable – sur l'administration.

Les entreprises sont considérées comme les seuls apporteurs réels de richesse au pays, richesse qui est elle-même liée à la capacité américaine de dominer la mondialisation. Ces deux éléments réunis expliquent la part qui est faite au secteur privé dans la politique d'*Advocacy*.

L'*Advocacy Policy* soutient les grandes comme les petites et moyennes entreprises. Les grands contrats stratégiques sur lesquels portera tout son appui sont décidés en concertation informelle avec les très grandes entreprises. Cependant la prise en compte des besoins des petites entreprises est réelle. Même s'il est admis aux États-Unis que la promotion des grands contrats leur est aussi bénéfique, une administration leur est spécifiquement dédiée, la Small Business Administration (SBA). Celle-ci mène avec les agences de l'*Advocacy Network* de vraies actions conjointes et leur propose des sites d'information et des formations à l'international. La SBA anime avec le département du Commerce dix-neuf centres (les *Export Assistance Centers*), qui forment et conseillent ces entreprises.

Le poids des associations, lobbies et *Think Tanks* œuvrant pour les entreprises est extrêmement important. Cependant, il faut le nuancer par les positions souvent divergentes qu'ils défendent. Par exemple, quoi de plus différent que l'unilatéralisme prôné par l'Heritage Foundation – qui regrette les pouvoirs de l'organisme de résolution des différends de l'OMC pouvant remettre en cause une loi fiscale américaine et soutient des mesures unilatérales – et la défense d'une implication toujours plus grande dans les rouages multilatéraux (pour y accroître le pouvoir américain) prônée par la National Association of Manufacturers, le National Foreign Trade Council ou l'US Council for International Business ?

Cette puissance des lobbies s'autoéquilibre par les poids respectifs des intérêts différents, voire divergents (par exemple agriculteurs, producteurs d'acier, industries de consommation), par la puissance des grands syndicats de travailleurs et enfin, de plus en plus, par celle des ONG.

Dans ce système, les très grandes entreprises liées au pouvoir, démocrate ou républicain, ont un poids particulier. Il est considéré par certains comme essentiel dans les décisions politiques, quelle que soit la couleur du pouvoir. Les plus connues sont Bechtel – le géant de l'ingénierie et des travaux publics –, Parsons, Fluor Daniel, Brown and Root dans le même secteur, Halliburton, « mère » de Brown and Root dans l'ingénierie pétrolière ou encore le Carlyle Group, fonds d'investissement spécialisé dans l'armement et les nouvelles technologies. Bechtel est un vrai modèle, présent dans tous les pays émergents et surtout en reconstruction. Il finance traditionnellement le parti républicain. Il sait cependant faire preuve d'éclectisme, comme lorsqu'il a versé 125 000 dollars au parti démocrate en 1996[1]. Il a signé en 1998 un contrat de 600 millions de dollars financé en partie par l'EximBank avec la Croatie pour la construction d'une autoroute entre Bregana et Dubrovnik, contrat mentionné par l'*Advocacy Center* parmi ses succès. En ce qui concerne Halliburton, ses liens avec le pouvoir de la famille Bush sont maintenant bien connus. Le groupe a été dirigé par Dick Cheney, actuel vice-président des États-Unis.

1. Gilles Fontaine, *L'Expansion*, mars 2003, p. 60.

Quelques résultats

De 1993 à 1999, les gains de contrats américains obtenus par le biais de tels soutiens étaient estimés à 26 milliards de dollars. Les projets concernent des contrats de toute taille. Parmi les plus connus, l'on citera :

– en 1994, le système SIVAM au Brésil (1,4 milliard de dollars) attribué à Raytheon ; le satellite Komsat coréen à TRW (100 millions de dollars) ; la centrale de Paiton en Indonésie (2,6 milliards de dollars) à Mission Energy, un consortium américano-nippon monté ad hoc pour faire échec à des concurrents déjà présélectionnés ;

– en 1995, l'aéroport international de Bangkok, à TAMS Consultants (1 milliard de dollars) ; diverses centrales électriques en Tunisie à General Electric (480 millions de dollars) ;

– en 1996, les télécommunications uruguayennes, à Applied Telecommunications (212 millions de dollars) ; une centrale électrique au Maroc à CMS Energy Corporation (1,3 milliard de dollars) ;

– en 1997, des locomotives Diesel en Égypte, à GE Transportation Systems (40 millions de dollars) ; les marchés de contrôle de trafic aérien au Pérou à Northrop Grumman (48 millions de dollars) ; les télécommunications aux Émirats arabes unis à Hughes Space and Comms (1 milliard de dollars) ;

– en 1998, une section d'autoroute en Croatie, à Bechtel (Bregana-Zagreb-Sisak-Dubrovnik) (600 millions de dollars, dont 235 de contenu américain).

L'ENGAGEMENT DES ACTEURS INSTITUTIONNELS

Les départements ministériels

Le département du Commerce

Les services de ce département sont les chevilles ouvrières de l'*Advocacy Policy.*

Le principal d'entre eux, l'*International Trade Administration* (ITA)[1], gère les *Foreign Commercial Services* (FCS) situés dans les États étrangers, qui ont entre autres pour rôle d'alerter l'*Advocacy Network* ou l'*Advocacy Center.* Une fois l'action décidée, ils conseillent ces instances sur l'approche à mettre en œuvre ou entrent directement en action. Leurs effectifs ont augmenté d'un tiers depuis 1996 et comptent aujourd'hui 1 245 agents présents dans 83 pays.

Leur action est prolongée par celle des petites antennes décentralisées dans les régions économiquement actives que sont les *American Presence Posts* (APP), un dispositif créé au début des années 1990, qui opère sous l'égide des ambassadeurs. Les APP ont pour rôle de connaître les acteurs et les rouages locaux des affaires, de faciliter leurs liens avec les entreprises américaines et réciproquement, et plus généralement d'y développer des points de vue américains. Il s'agit d'une activité d'information et d'influence économiques. En France, c'est à partir de 1999 que cette politique a été appliquée, brillamment, à travers l'action de l'ambassadeur et ex-

1. www.ita.doc.gov

homme d'affaires Felix Rohatyn. Son séjour a été marqué par le redéploiement du personnel administratif américain sur le territoire français. Ainsi se sont ouverts cinq APP dans l'Hexagone : Lyon (février 1999), Toulouse (décembre 1999), Rennes (janvier 2000), Lille (juillet 2000) et Bordeaux (septembre 2000), chacun composé de trois ou quatre personnes, dont un seul diplomate.

Le Trade Compliance Center est une spécificité américaine intéressante : cet organisme reçoit les informations et les plaintes des exportateurs américains sur les barrières commerciales des pays étrangers ou sur leurs méthodes déloyales. Relevant les cas ainsi identifiés, il essaie avec eux de résoudre la question en bilatéral avec le pays « fautif » ou l'utilise en multilatéral comme justification à des demandes plus larges ou encore peut adresser le dossier à l'*Advocacy Center* si le cas le justifie.

Le haut représentant au Commerce international, l'United States Trade Representative (USTR)

Dans la diplomatie économique, c'est le département du Trésor qui a la charge de coordonner la politique américaine au sein des institutions financières internationales. C'est cependant l'*United States Trade Representative*, très haut fonctionnaire de rang ministériel, qui représente les intérêts des États-Unis dans les négociations multi- ou bilatérales. Tant Charlene Barshevsky au moment de la conférence de Seattle que par la suite Robert Zoellick ont souvent fait la une des médias pour leurs prises de position à l'OMC.

L'activité de l'USTR est intense : le nombre d'accords de libre-échange passés depuis deux ans ou en voie de l'être est impressionnant. L'agenda 2004 des États-Unis en matière commerciale internationale a été ainsi annoncé [1] :

– à l'OMC, faire avancer les négociations et trouver des positions de « bon sens » sur les priorités que sont l'agriculture, les produits industriels et les services ; continuer les efforts pour faire entrer l'Arabie saoudite à l'OMC ;

– faire avancer la zone de libre-échange des Amériques (FTAA, Free Trade Area of the Americas) ;

– poursuivre le maillage du globe avec des accords bilatéraux, notamment des accords d'investissement avec les pays du Moyen-Orient et même une zone de libre-échange avec Bahreïn ;

– assurer des conditions de compétition correctes avec la Chine (*level playing field*), en se concentrant sur la protection de la propriété intellectuelle et sur le respect par la Chine des engagements pris à l'OMC ;

– promouvoir un environnement plus propre et de meilleures conditions de travail, par une action permanente auprès des organisations internationales, des entreprises et des ONG ;

– accentuer l'effort sur le *capacity building*, c'est-à-dire l'assistance à la formation et la mise en place d'institutions dans les pays en développement.

---

1. Déclaration de Robert Zoellick devant le comité des Finances du Sénat, 9 mars 2004.

Le département de l'Agriculture (USDA)

Pour la promotion des exportations du secteur primaire américain, le département de l'Agriculture (USDA) dispose de ses propres agents à l'étranger, les Farm and Foreign Agricultural Services (FAS). En 2001, ce service comptait 244 membres présents dans 65 pays. Il est intéressant de constater que la part consacrée à l'agriculture sur les crédits d'aide à l'exportation a récemment augmenté, passant de 42 % en 1996 à 50 % en 2002.

Des programmes d'aide alimentaire, gérés par l'USAID ou le département de l'Agriculture, font partie du dispositif. Ils répondent à un objectif humanitaire mais ils contribuent aussi à la promotion internationale des produits agricoles américains. Ils prennent la forme de dons en denrées agricoles ou de crédits à long terme, assortis de taux très faibles. Les dons proviennent des stocks de la Commodity Credit Corporation (CCC), organisme chargé de gérer le marché intérieur américain pour en maintenir les prix. Les denrées peuvent être revendues sur place, à bas prix, la recette devant servir à financer des programmes de développement et d'éducation. Ces dons peuvent aussi récompenser un pays pour la libéralisation de son marché agricole. Les crédits à long terme sont des garanties accordées à des banques américaines sur le remboursement des prêts qu'elles consentent à des banques locales pour l'achat de denrées agricoles dans le cadre d'accords signés entre le département de l'Agriculture et le pays bénéficiaire.

Les organismes financiers

L'Overseas Private Investment Corporation et l'EximBank interviennent en appui de la politique étrangère des États-Unis dans les pays prioritaires désignés par la *National Export Strategy* établie par le TPCC. Ce sont des organismes financiers mais le soutien des entreprises américaines à l'international est leur premier objectif. C'est ainsi par exemple que, pour ne pas pénaliser les activités internationales des entreprises de l'industrie aéronautique, l'EximBank freine ses demandes de recouvrement de prêts à leur égard depuis le 11 septembre 2001.

Un organisme de soutien aux investissements privés, l'Overseas Private Investment Corporation (OPIC)

L'OPIC fonctionne depuis 1971. Cet organisme public, financièrement indépendant, est placé sous la tutelle du gouvernement fédéral. Il est chargé de promouvoir les investissements américains dans des pays émergents ou en transition, tout en participant à leur développement. Il assure les entreprises américaines contre le risque politique de l'investissement. Il fournit des garanties, des prêts et des garanties de prêts. Il exerce également des activités d'assistance et de conseil.

En septembre 1996, cet organisme a fait l'objet de vives discussions, à tel point que son existence même fut mise en question. Le Congrès américain a refusé de renouveler son autorisation pour une nouvelle période quinquennale, le faisant seulement jusqu'en octobre 1997. L'une des voies envisagées était la privatisation. Ses défenseurs ont fait valoir qu'en cas de différend la garantie donnée par un organisme privé ne pourrait jamais avoir la même valeur que celle donnée par le gouvernement américain. Ces arguments ont porté. Aujourd'hui, l'OPIC fonctionne toujours.

Une banque publique dédiée au soutien à l'exportation, l'EximBank

L'EximBank est un organisme public autonome créé en 1934. Elle a pour objectif de faciliter les exportations américaines en soutenant les banques privées, qui, à leur tour, financent les entreprises, par des services d'assurance à court et moyen terme et des services de garantie et de prêts à moyen et long terme. Elle peut aussi financer directement des exportateurs, quoique de manière plus limitée, essentiellement pour contrer des offres de gouvernements étrangers plus favorables à des concurrents. Les garanties et assurances proposées par l'EximBank sont destinées à couvrir les risques politiques et commerciaux des projets qui ont au moins 50 % de contenu américain. Ce sont essentiellement de grands projets d'infrastructures.

Elle dispose d'un fonds spécial, le Tied Aid Capital Projects Fund, d'environ 100 millions de dollars par an, destiné à rétablir l'équilibre des projets américains face à des projets étrangers qui recevraient des subventions étatiques à l'exportation. Il s'agit donc officiellement de lutter à armes égales contre l'aide liée[1], forme d'aide combattue par les États-Unis qui la considèrent comme déloyale. Dans la pure ligne doctrinale du système d'*Advocacy* mis en place en 1993, il est donc autorisé de faire ce qui est considéré comme illégal si les concurrents le font.

Les organismes de développement

Dans l'esprit de la politique d'*Advocacy,* l'aide au développement des pays pauvres et le commerce sont étroitement liés, la première devant permettre à terme l'implantation américaine dans les pays concernés. Deux organismes publics concourent à ces objectifs, l'US Agency for International Development et la Trade and Development Agency.

L'organisme d'aide au développement, l'US Agency for International Development (USAID)

Créée en 1961, l'USAID dépend du département d'État. Elle gère la majorité de l'aide bilatérale au développement, soit 3,5 milliards de dollars. Elle supervise en outre d'autres programmes (humanitaires, alimentaires, etc.) pour un montant qui atteignait 7,7 milliards de dollars en 2000. Elle compte environ 5 500 agents, dont 2 000 seulement sont citoyens américains, et œuvre dans plus de 80 pays. L'USAID mène ses programmes avec l'aide d'ONG, d'entreprises et de consultants. Ces combinaisons de

1. Aide au développement attribuée par un État donateur à un État récipiendaire sous condition que ce dernier utilise comme prestataires des entreprises nationales de l'État donateur.

compétences permettent des croisements d'informations et des actions d'influence.

L'*Advocacy Policy* fait fréquemment intervenir l'USAID. Cet organisme assoit en amont la présence politique et économique américaine à l'étranger. Il joue un rôle essentiel dans les pays en crise ou en reconstruction, repérant le terrain et mettant en place des programmes d'assistance ciblés. Il intervient volontiers en finançant des ONG, souvent américaines ou britanniques. Il est vrai que ce sont les plus grandes et les plus anciennes, devenues des acteurs opérationnels professionnels et parfois incontournables. Parmi elles, l'on compte de nombreuses missions religieuses protestantes. Elles sont très présentes en Afrique, dans l'humanitaire comme dans la formation et l'enseignement. Dans les pays en reconstruction, l'USAID dispose également des Offices of Foreign Disaster Assistance (OFDA), et ses Offices of Transition Initiatives (OTI).

L'USAID se consacre aussi à des projets à long terme généralement orientés vers la réforme économique et le soutien au secteur privé, l'instauration de la démocratie, la protection de l'environnement, la santé publique, avec un accent particulier mis sur la lutte contre le sida. Elle a totalement intégré l'objectif de développement durable, qui présente de nouveaux marchés et peut prévenir des crises très lourdes à gérer.

Enfin, elle articule de plus en plus sa mission vers l'assistance à la construction institutionnelle et de compétences (*capacity building*). Outre l'assistance technique directe aux programmes locaux, elle œuvre de manière indirecte, par exemple en aidant les pays pauvres à défendre leurs intérêts à l'OMC.

Elle monte volontiers des partenariats avec le secteur privé pour répondre à tous ces besoins. Elle lance régulièrement des « initiatives » et des programmes, a développé une véritable ingénierie de formules innovantes de développement… et sait le faire savoir dans les enceintes internationales concernées.

L'Agence pour le Commerce et le Développement, la Trade and Development Agency (TDA)

Le rôle de la TDA, à l'intersection des Affaires étrangères et du Commerce, est d'aider les sociétés américaines à remporter des contrats dans les pays pauvres et émergents, essentiellement dans les secteurs des infrastructures, de l'énergie, des transports et des télécommunications. Pour ce faire, elle initie des études de faisabilité technique, financière et juridique des projets, en ayant recours à un réseau de consultants. Les études sont fournies gratuitement aux gouvernements des pays cibles et ouvrent la voie à des contrats de travaux pour les entreprises américaines. Elle organise également des conférences régionales, invite des responsables publics et privés aux États-Unis, offre aux entreprises des informations détaillées sur les marchés extérieurs et des formations spécialisées. Son budget est de l'ordre de 50 millions de dollars, il dépasse parfois les 60 millions si nécessaire, comme en 2001.

Dans les années 1997-1998, la TDA rapportait ses succès avec beaucoup de satisfaction sur son site

Internet[1], indiquant chaque fois le pays étranger que les États-Unis avaient réussi à contrer grâce à elle. Ses « exploits » sont aujourd'hui mentionnés avec beaucoup plus de discrétion, compte tenu sans doute des contraintes croissantes imposées par l'OMC et l'OCDE sur les soutiens des pays industrialisés à leurs exportateurs.

En 1996 par exemple, la TDA apprend que trente-trois aéroports vont être privatisés en Argentine et offre immédiatement une coopération technique aux Argentins « pour les encourager à choisir un consultant américain », car « il est clair que le choix d'un tel consultant peut amener les entreprises américaines à plus s'intéresser à ce contrat[2] ». La TDA lance à des officiels argentins des invitations aux États-Unis pour qu'ils expliquent leur projet aux entreprises. En 1997 une première préqualification a lieu, dans laquelle on trouve Ogden, un consortium américain. Mais la rumeur d'un vainqueur non américain circule très vite. La TDA déploie aussitôt de nouveaux efforts : elle soutient officiellement le candidat américain, offre 1 million de dollars en assistance technique si celui-ci est choisi et invite deux des trois ministres argentins participant à la décision à un débriefing à Washington. Des officiels américains viennent en Argentine rappeler les bienfaits déjà accordés ; et, *last but not least*, les Américains protestent devant les modalités suivies pour le premier appel d'offres. Devant ces pressions

1. www.tda.gov
2. Les termes entre guillemets sont des traductions littérales du texte de la TDA.

tous azimuts, les Argentins lancent donc un nouvel appel d'offres. Ogden soumet une nouvelle proposition, qui est finalement retenue en 1998.

L'on ne saurait terminer sur les acteurs institutionnels à l'export sans mentionner les démarches de renseignement[1]. Outre les liens entre les services spécialisés et le TPCC et l'*Advocacy Center* mentionnés plus haut, chacun des départements ministériels dispose de sa propre cellule d'intelligence : Office of Intelligence Policy and Review (Trésor), Bureau of Intelligence and Research[2] (département d'État), Bureau of Industry and Security (Commerce), etc.

Les organismes autonomes

Plusieurs autres organismes, financés par l'administration ou par des entreprises en liaison avec elle, participent également depuis longtemps à la promotion indirecte des entreprises américaines dans les pays en développement ou en transition.

Ainsi, en complément de l'USAID et de la TDA, des organisations comme le Peace Corps et l'US Army Corps of Engineers (USACE) interviennent-elles dans ces pays.

Le Peace Corps est une agence autonome disposant d'un budget de 245 millions de dollars en 2000. Il compte 6 000 volontaires dans 87 pays, qui tra-

1. Bernard Carayon, député, « Intelligence économique, compétitivité et cohésion sociale », rapport au Premier ministre, annexe 3, « Le dispositif américain d'intelligence économique », Paris, juin 2003.

2. Il centralise les informations reçues des ambassades et de l'USAID.

vaillent sur des projets éducatifs ou de développement citoyen.

L'USACE, corps historique créé en 1802, comprend 34 000 membres dont 3 % seulement sont militaires mais qui tous travaillent sous les ordres de l'armée. Son commandant est un militaire d'active qui est le conseiller du Pentagone sur les questions d'ingénierie. L'USACE est la plus grande agence de conception et ingénierie de travaux au monde ; il est présent dans toutes les zones en phase de reconstruction, participe directement à cette dernière et cherche à obtenir des commandes, civiles ou militaires, pour les entreprises d'infrastructures américaines. Il contribue fortement à la vente d'armes aux gouvernements étrangers. Il a par exemple été, à partir de 1974, la cheville ouvrière du gigantesque programme d'amélioration des infrastructures militaires saoudiennes, depuis la construction de bâtiments à celle d'aéroports et d'hôpitaux militaires, d'un montant total de 14 milliards de dollars. Le corps a également participé à la reconstruction du Koweït. En Égypte, il supervise actuellement un certain nombre de constructions attachées à l'achat de F-16[1]. Ces projets ayant été financés par des fonds créés pour l'application des accords de Camp David, les contrats sont accessibles seulement aux entreprises américaines ou égypto-américaines.

1. Par exemple la rénovation de la base aérienne de Fayed près d'Ismaïlia (107 millions de dollars, attribués à Contrack, américain, et à Orascom, égyptien).

Une vraie créativité dans les initiatives et les partenariats publics-privés

Des programmes sont régulièrement lancés pour répondre à la fois aux objectifs d'aide au développement des organismes internationaux et à ceux de l'État américain (qui sont de plus en plus souvent les mêmes compte tenu de l'influence des États-Unis dans ces enceintes).

Dans le champ du développement

Le « Défi du millénaire » ou *Millenium Challenge Account* (MCA) est un exemple de grande envergure. George Bush a lancé cette initiative le 14 mars 2002, en référence à la Déclaration du millénaire de l'ONU, pour lutter contre la pauvreté et favoriser la croissance. Présentée comme la troisième grande initiative de relance depuis la Seconde Guerre mondiale, après le plan Marshall et l'Alliance pour le progrès de John Kennedy, elle fournira 17 milliards de dons annuels à des pays éligibles, sur des critères précis, comme l'ouverture à la concurrence des marchés de l'eau, de l'électricité et du téléphone.

Le MCA est un fonds basé sur des « partenariats mutuellement responsables », il est administré par la Millenium Challenge Corporation (MCC), elle-même gérée par l'USAID. La MCC est présidée par le secrétaire d'État aux Affaires étrangères (Colin Powell en 2004) et compte parmi ses membres le secrétaire d'État au Trésor (ministre des Finances) John Snow, le responsable de l'USAID Andrew Natsios, l'*US*

Trade Representative Robert Zoellick et plusieurs ONG, dont l'expérience du terrain est ainsi valorisée.

Au début accessible seulement aux pays les plus pauvres, le fonds devrait s'élargir jusqu'en 2006. Son but est de réduire la pauvreté par une croissance économique générée à travers des contrats passés avec chaque pays concerné. Ces contrats sont publics, consultables via Internet et mettent l'accent sur la qualité plus que sur la quantité de l'aide. Trois indicateurs sont utilisés pour évaluer l'intérêt des contrats : la bonne gouvernance, l'effort porté à l'éducation, la liberté économique.

Un autre programme, la *Global Development Alliance*, a également été lancé par l'USAID en 2001. Il s'agit de poursuivre les partenariats déjà entamés avec les ONG, universités, agences bilatérales et multilatérales de développement, en y incluant le secteur privé, par le biais de fondations et d'autres institutions privées. Des opérations sont ainsi lancées en partenariat public-privé, comme en Amérique latine, en coopération avec la Banque interaméricaine de développement, Merrill Lynch et Microsoft, une formation aux nouvelles technologies de l'information pour les jeunes. En 2002, les États-Unis ont ainsi participé à 84 « alliances » de ce type, financées à hauteur de 223 millions de dollars par l'État et pour plus de 1 milliard de dollars par des contributions privées.

À côté de ces programmes de développement, d'autres types d'actions, comme The Economic Support Fund, se situent dans la partie « politique et sécurité » de l'aide mais peuvent être utilisés dans des objectifs de développement. Ainsi en est-il également du Support for East European Democracy (SEED, 676 millions de dollars en 2001), spécialisé sur l'Europe de l'Est, ou du Freedom Support Act destiné à la Russie et aux démocraties « eurasiennes » émergentes (810 millions de dollars en 2001). Dans les trois cas l'objectif annoncé est de favoriser la mise en place du libre marché et de la démocratie. Comme dans le cas du MCA, l'administration recourt pour la mise en œuvre de ses programmes à l'expertise d'agents extérieurs, en l'occurrence des consultants spécialisés.

Dans l'influence normative

Il existe un vrai génie américain pour faire émerger des associations, mouvements ou forums composés de membres de différentes nationalités, entreprises ou associations. Ces mouvements, souplement maîtrisés, sont porteurs d'idées et deviennent rapidement des sources de propositions et des interlocuteurs pour les organismes internationaux.

Un exemple de ce type d'intervention est l'USAID Regional Infrastructure Program organisé en novembre 2002 à Bucarest, en liaison avec les ingénieurs-conseils de la Fédération internationale des ingénieurs-conseils (FIDIC), une organisation tenue par les Britanniques qui produit des contrats types dans le domaine de la construction et des infrastructures et cherche à les exporter partout dans le monde. À Bucarest, le but était de présenter des propositions de contrats de management standardisés, établis selon des principes américano-britanniques et présentés comme propres à améliorer les processus de construction dans les pays d'Europe du Sud-Est, puis de créer une association régionale de standardisation et enfin d'établir un agenda d'actions avec les gouvernements présents.

Dans le champ du renseignement

Depuis 1985, l'Overseas Security Advisory Council (OSAC) diffuse des renseignements sur les risques à l'intention des grandes entreprises, moyennant financement. Créé par le département d'État après l'attentat contre les marines au Liban, il prend acte de la difficulté à protéger des cibles comme les installations d'entreprises américaines à l'étranger. Il a pris une ampleur nouvelle après le 11 septembre 2001. Toujours supervisé par le Bureau of Diplomatic Security du département d'État, son rôle est de délivrer à ses entreprises adhérentes des informations d'origine publique assorties de conseils privés sur des dangers précis dans tel ou tel pays. Cela s'effectue, entre autres, par le biais d'un site web et de messages mails sécurisés. DuPont, Citigroup, Boeing, McDonald's ainsi que des PME paient pour les services de cet organisme.

La justification de ce partenariat est que l'État américain ne peut, pour des raisons budgétaires, informer et protéger ses ressortissants privés mais détient des renseignements stratégiques qui peuvent leur être utiles. En bon pragmatisme américain, une société privée a donc été chargée de cette ingénierie.

DES ENTREPRISES ET DES ASSOCIATIONS ACTIVES

Si la diplomatie économique américaine manifeste volonté de coordination et créativité, les entreprises et associations de la société civile se sont également adaptées aux nouvelles conditions de la compétition internationale. Elles ont développé des stratégies autonomes, souvent en liaison formelle ou informelle avec les acteurs publics.

La capacité d'action des associations d'entreprises américaines

Les grandes entreprises américaines poursuivent des stratégies propres aux États-Unis et à l'étranger mais elles ne répugnent pas non plus à se regrouper en associations. Celles-ci sont actives tant vis-à-vis de leur propre administration que des organisations multilatérales publiques ou privées étrangères.

L'influence internationale des entreprises américaines

Leurs méthodes sont bien représentées par l'US Council for International Business (USCIB). Sur la base des solides analyses qu'elle réalise, cette association d'entreprises est consultée par l'administration américaine et communique ses vues à son réseau international d'influence. Ce réseau se compose de trois grandes branches : la Chambre de commerce internationale (CCI), qui elle-même est la voix du secteur privé auprès de l'ONU et de ses agences économiques ; l'Organisation internationale des employeurs

(OIE), qui joue le même rôle auprès du BIT (Bureau international du travail) ; et le BIAC (Business and Industry Advisory Committee to the OECD), qui est l'organe de consultation permanent du secteur privé auprès de l'OCDE. La présence américaine est particulièrement forte à la CCI, assez forte au BIAC, en coopération avec d'autres « Anglo-Saxons », et moins prégnante à l'OIE[1]. Cette dernière reste encore influencée par l'origine européenne et la vision tripartite (patronat-syndicats-État) du BIT. Il est très important d'être présent dans ce type d'organismes, qui à leur tour vont influer sur les organisations multilatérales. Les avantages de ces voies indirectes sont évidents : elles sont plus discrètes et néanmoins très légitimes puisqu'elles représentent le monde des affaires au niveau de la planète.

L'USCIB participe aux positions qui seront défendues par les entreprises américaines au TransAtlantic Business Dialog (TABD), qui réunit régulièrement des dirigeants de grandes entreprises des deux rives de l'Atlantique.

Les puissantes National Association of Manufacturers (NAM) et US American Chamber of Commerce (qui dispose de 70 relais dans le monde) suivent également de très près les questions internationales. Un autre groupement important pour la définition des politiques d'*Advocacy* est le National Foreign Trade Council (NFTC), qui concentre ses efforts sur la défense des règles internationales de libre-échange.

1. Actuellement présidée par François Périgot, français, ancien président du CNPF et président de Medef international.

La force de proposition des entreprises auprès de leurs administrations

Les entreprises américaines pratiquent l'*Advocacy* auprès de leur propre administration. Par exemple, elles ont profondément regretté l'échec du sommet de l'OMC de Cancun et l'interdiction du bœuf aux hormones en Europe qu'elles considèrent comme une défaite de l'administration américaine. De même, en 2003, la NAM, regroupée avec une quarantaine d'autres associations industrielles, s'est-elle très fortement émue du déficit commercial avec la Chine et a-t-elle pressé le haut représentant au Commerce (USTR) de porter devant l'OMC ce qu'elle considère comme des pratiques chinoises commerciales injustes. L'ensemble de ces associations s'est regroupé dans un mouvement appelé USA Engage, créé en 1997, qui lutte contre la politique unilatérale de sanctions des États-Unis en vigueur de 1993 à 1997[1]. Les mesures défensives unilatérales et extraterritoriales leur paraissent nuire aux intérêts des entreprises américaines à l'étranger et soulèvent toujours l'opposition des milieux d'affaires américains.

Des entreprises américaines appartenant par ailleurs à des associations professionnelles différentes se regroupent volontiers sur des thèmes géographiques ou thématiques, oubliant alors leurs sensibilités particulières. C'est le cas de USA Engage, mais aussi

1. C'est une coalition de 500 sociétés et groupes (dont l'USCIB, le NFTC et Dick Cheney, actuel vice-président des États-Unis et alors président de Halliburton).

de l'US-Iraq Business Council sur l'Irak, créé dès novembre 2002 pour assister les entreprises américaines dans leurs efforts sur ce pays. Ce groupement s'est doté d'un *Think Tank*, le Center for Democracy.

La production d'idées via les Think Tanks, *fondations, universités, instituts*

Les *Think Tanks*, financés par les entreprises, les partis politiques ou les deux à la fois, paient des penseurs de diverses disciplines et origines politiques pour réfléchir à des doctrines et créer des concepts opérationnels. Il s'agit de lancer des idées aptes à être déclinées en méthodes et en règles. Cela est particulièrement important dans le champ du développement, dans la mesure où les financements multilatéraux comme bilatéraux cherchent de plus en plus un fondement doctrinal pour justifier et légitimer leurs interventions. Les *Think Tanks* de Washington vont rarement contre les intérêts de la diplomatie économique américaine. Les concepts qui y sont créés vont nourrir les tables rondes et groupes de travail des organismes internationaux, puis sont peu à peu structurés en règles et normes de la vie internationale des affaires. L'efficacité des *Think Tanks* tient à la conjugaison, mal comprise en France et en Europe continentale, entre conceptuel et opérationnel.

Les *Think Tanks*[1] sont de toutes les sensibilités : de « gauche » comme l'Institute for Policy Studies ou le World Policy Institute ; de « centre gauche », comme

1. Voir l'ouvrage de Pierre Hassner et Justin Vaïsse, *Washington et le monde*, *op. cit.*

la Brookings Institution ; neutre, comme le Council on Foreign Relations, qui publie la revue de référence *Foreign Affairs*, et Carnegie Endowment for Peace, qui édite *Foreign Policy* ; plus à « droite », l'on trouve le Center for Strategic and International Studies, la Rand Corporation, majoritairement financée par le Pentagone ; la Hoover Institution de Stanford et l'Heritage Foundation se situent encore plus à droite. Dans une catégorie ultralibérale, on peut citer l'American Enterprise Institute qui, par exemple, a créé récemment un site web, NGOWATCH.org, pour surveiller l'action des ONG antientreprises. Parmi ces producteurs d'idées, il ne faut pas oublier les universités[1]. Leur action efficace dans les domaines de la réflexion politique et économique s'est d'ailleurs vu récompenser par de nombreuses nominations de ses membres à des postes clés des divers gouvernements.

Les *Think Tanks* ne produisent pas que des analyses politiques abstraites mais aussi des concepts pour la marche du monde… et des affaires. Ainsi le président du Council on Foreign Relations (CFR) proposait-il en 2004, dans le *Financial Times*, la « privatisation » de la diplomatie américaine, tout au moins dans sa partie influence : prenant acte de l'antiaméricanisme croissant de la planète, l'idée, née du travail d'une *Task Force* du CFR, est de créer un organe mixte public-privé chargé d'élaborer et de diffuser du contenu sur la politique internationale américaine par la télévision, des livres, Internet. La nouveauté réside dans le fait que les entreprises participeraient à cette élabora-

1. Alexandre Adler, *L'Odyssée américaine*, Grasset, juin 2004, p. 63.

tion et la financeraient, en appui des actions publiques. Elles le feraient de manière plus « intelligente », par exemple en invitant des musulmans modérés à débattre[1]. Dans le cadre du vrai partenariat public-privé qui règne aux États-Unis, ce genre de proposition a des chances d'être lu et étudié par l'administration.

Par ailleurs, les fondations et *Think Tanks* peuvent, outre la production d'idées, contribuer directement à l'effort d'expansion commercial. C'est par exemple le cas de l'Heritage Foundation, financée par de grandes entreprises et très active dans les contacts internationaux préalables à la signature de contrats.

En résumé, le secteur privé américain manifeste un dynamisme et une puissance de proposition et d'organisation remarquables dans le champ de la diplomatie économique. Par ses travaux, il constitue un complément appréciable des politiques publiques d'*Advocacy*. Qu'il se situe dans le champ de l'accord ou de la discussion, de l'officiel ou de l'officieux, qu'il soit harmonieux ou conflictuel, le partenariat entre administration et entreprises américaines est très avancé. Ces liens sont le cœur de l'efficacité des politiques d'*Advocacy* et l'une de ses principales supériorités sur les politiques européennes de même type. Il faut reconnaître que, face à cet engagement et à ces méthodes professionnelles, les associations d'entreprises d'Europe continentale, notamment les françaises, font encore pâle figure.

1. Peter G. Peterson, « Privatising US public diplomacy », *Financial Times*, 21 janvier 2004.

Les organisations non gouvernementales (ONG), fondations et instituts

Les ONG américaines sont, avec les britanniques, les plus importantes du monde. Elles sont traditionnellement plus liées que leurs congénères françaises avec leur État et avec le monde de l'industrie dont elles utilisent les méthodes professionnelles de lobbying et de gestion financière. Elles n'hésitent pas à clamer leur nationalité ou à la défendre discrètement. Friends of the Earth, par exemple, s'intitule elle-même « la voix américaine d'un réseau international influent de 70 nationalités ». Les entreprises américaines participent sans aucun complexe à leur financement, soit directement, soit par le biais de fondations. Ces ONG peuvent cependant parfois gravement nuire à la réputation de certaines entreprises ; ce sont les cas bien connus de Shell avec Greenpeace ou de Total attaqué en Birmanie par une « Coalition pour la démocratie ».

Leur objet – contrairement aux ONG françaises – n'est pas seulement humanitaire mais s'étend à la mise en place de régulations éthiques (Transparency International), environnementales (Greenpeace, World Wild Fund) ou autres. La plupart ont un champ d'action privilégié dans les pays en sortie de crise où, par définition, elles arrivent les premières. Leur professionnalisme et leur dimension leur permettent de se voir attribuer des financements multilatéraux très importants, qui dans certains cas d'urgence échappent aux règles d'appels d'offres habituelles. Il leur est alors loisible d'attribuer des contrats à des entreprises dans des domaines qu'elles ne maîtrisent pas elles-mêmes, par exemple dans la construction. Ces financements peuvent même être purement européens. Ce fut le cas entre autres pour les financements humanitaires au Kosovo, où des ONG américaines recueillirent une partie importante des crédits d'ECHO, l'Office européen pour l'aide humanitaire qui coordonne ce type d'actions et de crédits.

Il n'entre pas dans le champ de cet ouvrage de les décrire mais seulement de mentionner leur absence de réticence à coopérer avec les administrations du développement et avec les entreprises.

DES CIBLES PRIVILÉGIÉES

Les organisations multilatérales

Dans une optique de puissance internationale, l'influence auprès des organisations multilatérales publiques relève d'une stratégie incontournable. Ces organismes, en effet, non seulement attribuent des financements, mais sont aussi le lieu d'élaboration de réglementations supranationales et de doctrines de développement. Ils jouent en outre un rôle de conseil aux États émergents et en transition pour leur construction institutionnelle. Enfin, certains d'entre eux, comme l'OCDE et même, aujourd'hui, la Banque mondiale, rédigent des analyses et portent des jugements sur le fonctionnement des affaires dans les pays industrialisés.

Face à l'importance des crédits accordés par les organismes internationaux aux pays en développement et à la diminution des contrats remportés sur ces financements par les entreprises américaines[1], les États-Unis ont décidé en 1996 de renforcer leur action en faveur de leurs entreprises pour que la part des contrats multilatéraux qui leur est attribuée augmente.

« Nous travaillerons plus étroitement avec les responsables des services commerciaux qui assistent les *executive directors* américains dans les banques multilatérales de développement, pour leur fournir une information susceptible de les aider à informer les banques des pratiques contestables en matière de concurrence et pour faciliter la mise en place des procédures de prévention. » Cette phrase relevée dans le rapport annuel (*National Export Strategy*) du TPCC de 1996 était éloquente et reste vraie. Le département du Commerce a ainsi nommé des « officiers de liaison » auprès des cinq organismes multilatéraux dont le rôle exclusif est d'aider les entreprises américaines à identifier des opportunités, de les conseiller pour qu'elles remportent un contrat et de les assister en cas de problème lors de l'appel d'offres[2].

Ce même document mentionnait aussi : « Dans certaines instances, les règles de commerce international sont improprement utilisées, les firmes américaines en sont souvent la cible. Cela n'est pas surprenant, compte tenu du rôle des États-Unis dans les échanges commerciaux et du fait que ses entre-

1. En part relative au profit d'entreprises asiatiques (notamment chinoises) et sud-américaines (notamment brésiliennes).

2. La France et les autres pays européens disposent de personnels équivalents mais en rangs dispersés.

prises travaillent avec des marges faibles. (...) Les États-Unis doivent identifier et décourager ces irrégularités. »

Les efforts américains portant sur les textes multilatéraux ont généralement deux points forts : la demande d'application du concept d'extraterritorialité, qui impose des règles aux concurrents dans le monde entier, même si les signataires ne sont que les pays industrialisés ; la demande de mise en place d'un « comité de suivi » (*peer review*) où seront évalués les efforts réellement mis en place par les signataires, et où leurs éventuelles entorses seront dénoncées. Ces comités ad hoc qui n'ont pas de pouvoir réglementaire jouent sur la pression morale exercée entre pairs et sur le poids d'une presse anglo-saxonne plus favorable aux thèses américaines. Leur poids psychologique et médiatique n'est pas à négliger pour des gouvernements soucieux de leur opinion publique et ne disposant pas nécessairement des moyens de contre-information suffisants pour faire face à d'éventuelles campagnes.

Les relations des États-Unis avec les organismes internationaux ont longtemps été perturbées par la question des arriérés de paiements de l'État américain à plusieurs d'entre eux. En 1998 a été mis en place un plan de remboursement de près de 1 milliard de dollars sur trois ans. Tous les arriérés ne sont cependant pas remboursés[1] et de nouveaux se créent : par exemple en 2003, du fait de coupes dans le budget de l'aide au

1. Plus de 500 millions de dollars, notamment auprès du Fonds africain de développement.

développement, les États-Unis n'ont pas pu honorer leur contribution à la Banque mondiale.

Les États-Unis attachent une grande importance à leur présence dans ces institutions d'où ils peuvent influencer les politiques de développement en liaison avec leurs propres objectifs bilatéraux et participer à la normalisation réglementaire multilatérale. Il est significatif de voir souligné, dans un rapport de mars 2003 au Congrès[1], que les pays européens détiennent actuellement 30 % des votes à la Banque mondiale et au FMI, et que, s'ils réalisent leur projet de voter en bloc, ils devanceront les États-Unis en influence. Or, selon Paul O'Neill, ex-secrétaire d'État au Trésor de George W. Bush, ces institutions financières internationales « servent des intérêts vitaux» pour les États-Unis et sont une « composante intégrale et cruciale » de leur politique de développement.

Outre les organismes de Bretton Woods (FMI et Banque mondiale), l'OMC présente aujourd'hui un intérêt important pour Washington. Après l'échec du sommet de Seattle (décembre 1999) auquel ils ne furent pas étrangers[2], les Américains ont visible-

1. Jonathan E. Sanford, *Multilateral Development Banks : Issues for the 108th Congress*, 29 mars 2003.

2. Cet échec fut en grande partie dû aux États-Unis, voire voulu par eux, pour des raisons à la fois de fond et électorales : l'OMC était alors toute jeune et les États-Unis n'y avaient pas encore pris leur place ; des élections présidentielles se tenaient en 2000 et il était hors de question de mécontenter les fermiers américains. Les Américains, ne voulant pas parvenir à un accord dont certains aspects nuisaient à leurs intérêts économiques et électoraux, ont essayé de faire porter la responsabilité de l'échec sur l'attitude européenne et ont su utiliser la présence locale des ONG antimondialisation ainsi que les craintes des pays en développement pour faire capoter la conférence.

ment décidé de tenir leur place dans cette enceinte stratégique qui leur est pourtant moins acquise que d'autres. Les Européens y tiennent en effet une place qu'ils n'ont dans aucune autre enceinte multilatérale. La partie des Américains est plus difficile à jouer car l'OMC est l'une des institutions les plus démocratiques qui soient dans ses statuts[1], en outre, relativement réticente à l'emprise américaine. L'OMC est probablement l'institution internationale où l'Europe unie se présente le plus comme un vrai partenaire de négociation pour les États-Unis. En ayant pris leur parti, ceux-ci y jouent donc des jeux complexes, en particulier sur les questions agricoles où ils cherchent à isoler l'Europe dont ils sont pourtant proches par les subventions qu'ils accordent et qu'ils ont du reste augmentées récemment. Fort logiquement, ils tentent aussi de jouer à l'OMC la carte de l'assistance aux pays en développement, en cofinançant des programmes de formation à la négociation et en présentant avec eux des propositions communes favorables à leurs intérêts[2].

Les alliances avec les pays en développement sont d'ailleurs des constantes des jeux diplomatiques joués par les Américains dans les organisations internationales. « Les États-Unis, que l'on croit à l'écart, savent très bien sur les questions de société (droit du travail, de l'environnement), où les normes européennes effa-

1. « Une ONU sans Conseil de sécurité », a dit le commissaire européen Pascal Lamy en 2003.

2. Comme avec le Chili, récemment, sur des modifications dans les procédures de règlement des différends.

rouchent, rejoindre sans complexe les bastions réfractaires du tiers-monde[1]. » Aujourd'hui, les objectifs américains présentés dans ces enceintes sont triples : accroître les dons aux pays pauvres ; obtenir des résultats mesurables de l'aide ; accroître la productivité dans les pays aidés sans se focaliser uniquement sur la réduction de la pauvreté.

Les pays émergents et en transition

Ces pays sont des marchés pour aujourd'hui mais surtout pour demain. Il est donc essentiel d'y être présent et d'y développer des zones d'influence.

Les accords bilatéraux

Les États-Unis mènent actuellement une très active politique d'accords commerciaux bilatéraux avec des États, des régions et des zones. Ces accords permettent d'atteindre un triple but : ils développent à terme le commerce entre les signataires et les États-Unis ; ils favorisent l'entrée des entreprises américaines dans ces pays ; ils contribuent enfin à y faire mettre en place l'environnement des affaires qu'affectionnent les Américains, à savoir le libre-échange, les privatisations, la « bonne gouvernance » à l'américaine.

Les signatures récentes concernent toutes les zones du monde. En Amérique latine, un accord de libre-échange a été signé en 2003 avec le Chili. Au niveau

1. Alain Dejammet, « En Onusie – Bavardages, bricolages et leurs vertus », *Revue des Deux Mondes,* avril 2004.

régional, le Central America Free Trade Agreement (CAFTA) est en très bonne voie, puisque le Président a proposé au Congrès de l'adopter en 2004. Quant à la zone de libre-échange des Amériques (ZLEA, FTAA en anglais), elle est en négociations avancées.

Pour l'Asie, deux accords de libre-échange ont été conclus avec Singapour en 2003 et avec l'Australie en février 2004. L'Enterprise for ASEAN Initiative (EAI) lancée en 2002 pour aider les pays de la zone, non membres de l'OMC, à entrer dans cette organisation est en plein développement.

Au Moyen-Orient la Jordanie a bénéficié d'un traité de libre-échange dès 2001. Dans la même zone, un accord de libre-échange régional (Middle East Free Trade Area, MEFTA) a été initié en mai 2003. De nombreux accords cadres pour le commerce et l'investissement (*TIFAs', Trade and Investment Framework Agreements*) ainsi que des traités d'investissement bilatéraux (*BITs', Bilateral Investment Treaties*) sont en cours de discussion. La signature d'un TIFA est prévue avec Qatar et les Émirats arabes unis en 2004.

En Afrique du Nord, un traité de libre-échange a été conclu avec le Maroc début 2004. En Afrique, l'*African Growth and Opportunity Act* (AGOA) a permis de lancer des discussions pour un accord de libre-échange avec les pays de la SACU (Southern African Customs Union : Botswana, Lesotho, Namibie, Afrique du Sud et Swaziland). Toujours dans ce cadre, de nombreux accords bilatéraux par pays, prévoyant par exemple l'exemption de droits d'entrée de marchandises, ont été conclus.

Les gouvernements et les élites

L'*Advocacy* accorde une attention particulière aux décisions des gouvernements des pays émergents, comme on peut le lire en toutes lettres sur le site du département du Commerce[1] : les élites étrangères sont une cible privilégiée de la politique d'influence américaine. D'une part il s'agit de peser sur les décisions des dirigeants actuels ; d'autre part il convient à plus long terme de les « formater » aux normes américaines, à la fois pour préparer le terrain des marchés futurs et pour alimenter la recherche américaine avec les meilleurs cerveaux.

La mise en place de liens entre hommes d'affaires et la fourniture d'experts en assistance technique institutionnelle (*capacity building*) bilatérale, multilatérale ou en cofinancement sont des méthodes couramment pratiquées et étroitement suivies. Le rapport sur la *National Export Strategy* d'octobre 1996 évoquait déjà clairement l'intérêt de placer des experts en matière de normes américaines auprès des ambassades importantes en Asie, en Europe de l'Est, en Russie et en Amérique latine, et de les soutenir avec l'assistance technique des secteurs public et privé américains.

Par ailleurs, les États-Unis ont demandé à l'OMC de réorienter ses programmes d'assistance technique en direction des dirigeants étrangers pour favoriser leur compréhension des mécanismes et obligations de cet organisme, en accordant une attention particulière aux besoins des pays les moins avancés (PMA).

1. www.commerce.gov

Des programmes sont cofinancés en ce sens par l'USAID.

Les futures élites ne sont pas oubliées et des bourses et invitations d'étudiants sont systématiquement prévues dans les pays cibles à terme. C'est ainsi que des pays comme le Maroc, l'Algérie et des pays francophones d'Afrique envoient de plus en plus volontiers leurs meilleurs jeunes dans les universités américaines, aux États-Unis mêmes ou dans leurs « annexes » à l'étranger.

4

En amont des marchés : l'influence

Afin d'assurer leur prééminence économique mondiale, les États-Unis agissent autant selon des modes d'action indirects et peu visibles qu'à travers les actions visibles auxquelles on les limite trop souvent. Ils ont entrepris un travail de fond, souvent perceptible aux seuls initiés, en amont des négociations commerciales, afin d'assurer le succès de celles-ci, sans générer chez les autres parties le sentiment désagréable du passage en force, attitude qui leur a été souvent reprochée par le passé et à laquelle les ont parfois conduits leurs traditions culturelles.

La diplomatie d'influence qui s'exerce en amont des marchés vise les court et moyen termes : gagner des contrats mais aussi façonner les règles du système économique international afin que celui-ci soit le plus favorable possible aux entreprises américaines. Les champs d'action sont juridiques, éthiques, commerciaux. À encore plus long terme, l'influence des États-Unis tend à façonner les modes de vie et de consommation partout dans le monde, autrement dit, à faire adhérer la planète aux valeurs américaines.

L'INFLUENCE JURIDIQUE : LE DROIT COMME ARME ÉCONOMIQUE ET COMMERCIALE

La capacité américaine à générer des concepts

Pour opérer dans la légitimité, l'influence en amont a besoin de fondements conceptuels. C'est l'une des supériorités américaines que de savoir générer ou repérer des concepts opérationnels adaptés à l'évolution des échanges internationaux. Le terme de concept opérationnel n'a rien à voir avec des théories abstraites. Il s'agit d'idées, certes, mais accompagnées d'éléments pratiques permettant de déboucher naturellement sur un corpus réglementaire. Ce sont des piliers sur lesquels va s'articuler l'élaboration du droit mondial qui peu à peu régule tous les échanges internationaux. Ces concepts sont toujours d'ordre éthique et « citoyen », ils ne peuvent qu'être approuvés car ils relèvent de la morale élémentaire incontestable : lutte anticorruption, bonne conduite pour les entreprises ou bonne gouvernance pour les États, loyauté de la concurrence internationale, protection de l'environnement au sens le plus large du terme. L'on observe ainsi un cycle récurrent : promotion d'un grand concept/nécessité d'une réglementation/apport de solutions américaines. Des thèmes sont lancés par les *Think Tanks* et repris par les organismes internationaux, où ils sont déclinés en réglementations concrètes, par le biais de groupes de travail et de forums. Les propositions présentées par les Américains dans ce cadre ne desservent évidemment pas leurs intérêts et sont rarement contraires à leurs coutumes juridiques.

Parmi ces concepts fondateurs, le « développement durable », si fécond en déclinaisons réglementaires, n'est pas d'origine américaine mais onusienne. Ce concept a été formalisé pour la première fois dans le rapport de la Commission mondiale sur l'environnement et le développement de l'ONU, dit rapport Bruntland, du nom de sa présidente, en 1987. Le principal rédacteur en était son secrétaire général, un universitaire canadien, Jim MacNeill. Ce dernier publia trois ans plus tard un ouvrage intitulé *Beyond Interdependence*[1], dans lequel il exposait une proposition de gouvernement mondial pour 2012, reposant sur un Conseil de sécurité élargi, destiné à maintenir la sécurité économique et environnementale de la planète.

C'est dire si ce concept est intimement lié à la gouvernance mondiale. Il a depuis été repris, avec le succès que l'on sait, par tous les organismes internationaux. Dans ces mêmes enceintes, les Américains l'ont décliné en transparence, conduite éthique, règles de gouvernance des entreprises et critères de conditionnalité des aides pour les pays en développement.

Après avoir élaboré ou repris des concepts et les avoir structurés en propositions réglementaires, il faut savoir les présenter et les défendre. C'est ce que les Américains appellent les *Presentational Skills*,

1. Jim MacNeill, Pieter Winsemius et Taizo Yakushiji, *Beyond Interdependence*, Oxford University Press, 1991, cité par Philippe Paraire dans *Le « Village-Monde » et son château*, Le Temps des cerises, avril 1995.

domaine dans lequel ils excellent. La mise en forme sera toujours professionnelle, donc évidemment différente selon le public visé, mais toujours cohérente. Le message sera relayé par des promoteurs compétents, qui utiliseront des méthodes intelligentes, à tous les sens du terme, de traitement de l'information. Il sera diffusé par des biais divers, les alliances public-privé-société civile posant aux Américains beaucoup moins de problèmes qu'à d'autres nationalités ! On peut même dire qu'ils sont innés, culturels, et que point n'est besoin de gigantesques mécaniques pour les mettre en œuvre. Les canaux de conviction ne seront jamais « tout public » ou « tout privé » mais associeront administrations, entreprises, organismes professionnels, ONG, universitaires, missions religieuses, si possible de divers pays et pas seulement américains. « C'est entre ces trois pôles (public-privé-lieux d'élaboration de la pensée) que s'est mise en place une politique commerciale et d'influence qui caractérise véritablement la puissance des États-Unis[1]. »

Enfin, il conviendra de présenter ces propositions dans les lieux idoines. Cela implique de connaître, voire d'organiser, les lieux et moments où les négociations stratégiques vont se tenir ainsi que d'identifier et, le cas échéant, de contrer d'éventuelles menées concurrentes. Les Américains se sont attelés à ces techniques depuis longtemps et ont pris une sérieuse avance, même si leurs visions parfois qualifiées

1. Bernard Carayon, député, « Intelligence économique, compétitivité et cohésion sociale », *op. cit.*

d'ultralibérales déplaisent à certains[1]. Leur force bénéficie de la faiblesse intrinsèque de leurs partenaires et concurrents à s'insérer de cette manière constructive dans le jeu mondial.

Les enjeux

Les enjeux de pouvoir de la règle internationale de droit sont immenses[2] : d'une part, dans le cadre proprement international, être à l'origine des règles du jeu de la mondialisation permet à coup sûr de les dominer plus vite que les autres et accessoirement de ralentir ses concurrents ; d'autre part, les principes et pratiques « labellisés » par les organismes internationaux seront ceux qui s'appliqueront à plus ou moins long terme à tous les pays en transition et en développement, principaux marchés futurs, dans le cadre des politiques de construction institutionnelle (*capacity building*) menées par ces mêmes organismes. Les États-Unis – avec le Royaume-Uni et le Canada, également très actifs en ce domaine – ont mieux compris ces enjeux que les autres pays et s'efforcent de promouvoir leurs règles de tous ordres dans les enceintes internationales et par le biais de l'assistance technique au développement.

Cet effort multilatéral n'est pas incompatible avec des politiques bilatérales. Partant du constat que l'utilisation de normes nationales spécifiques est un fac-

1. Laurence Caramel, « Les Américains règnent en maîtres sur les doctrines du développement », *Le Monde*, 22 juin 1999.

2. Claude Revel, « L'élaboration des normes et règles internationales : enjeux de pouvoir et de souveraineté », *Géoéconomie*, n° 23, Institut Choiseul, automne 2002.

teur de distorsion de concurrence entre États, les États-Unis se sont toujours efforcés d'obtenir des harmonisations au niveau international, de préférence selon leurs standards ou, si cela était impossible, de passer des accords bilatéraux ou de reconnaissance mutuelle qui influeraient sur une normalisation multilatérale ultérieure. Du reste, en matière commerciale, les accords bilatéraux ou plurilatéraux[1] des États-Unis avec leurs pays cibles se multiplient en même temps que s'accroissent les difficultés de l'OMC à faire émerger des règles multilatérales.

Dans ces jeux d'influence qui consistent à formater l'environnement des affaires, il s'agit de promouvoir non seulement la règle elle-même mais aussi et d'abord le type de droit dont elle dépend. Car il y en a essentiellement deux : le droit civil ou romano-germanique, qui règne en Europe continentale et dans de nombreux pays émergents, et la *Common Law* qui gouverne, avec de sensibles nuances, les pays dits anglo-saxons. Les approches de ces deux types de droit sont radicalement différentes, comme nous allons le voir, et répondent à des mécanismes intellectuels bien distincts qui s'appliquent à bien d'autres domaines que le seul juridique. Droit et culture se répondent l'un l'autre. À partir du moment où la forme des textes s'est imposée, la forme d'esprit

1. Accords signés par quelques États mais pas tous, contrairement aux accords multilatéraux qui englobent l'ensemble des adhérents à une organisation internationale ou à un accord cadre. Par exemple l'accord OMC (GATT à l'origine) sur les marchés publics de 1996 est un accord plurilatéral signé par une soixantaine d'États seulement.

suivra et réciproquement. Il s'agit donc d'une bataille en amont fondamentale.

Common Law et droit romain

Les droits qualifiés d'anglo-saxons sont en réalité divers : britannique, américain ou issus d'autres États du Commonwealth, mais ils partagent une même approche pragmatique et accordent une large part à l'interprétation, à l'arbitrage, à la négociation. La finalité n'est pas l'établissement ou le respect d'une vérité révélée, mais le « bon » fonctionnement de la société ou du contrat, quitte à en faire évoluer les règles avec le temps. *The show must go on* : ce qui prévaut, c'est la culture du résultat. Dans ce droit, il n'y a pas de principe ni de morale intangibles, sauf quand on en a besoin. La décision du juge, pour un même type de cas, évolue. Le paradoxe est que ce sont pourtant les tenants de ce droit qui hésitent le moins à afficher des concepts d'ordre moral. Ce droit apparaît donc à première vue plus adaptable que le droit romain, qui établit des principes synthétiques, définit la morale et la vérité et donne des bornes et des limites auxquelles doivent se conformer les contrats et les décisions judiciaires. Ces différences ont des conséquences très pratiques concernant par exemple l'élaboration des contrats internationaux, beaucoup plus épais en *Common Law* qu'en droit romain puisqu'ils doivent par eux-mêmes prévoir les cas de litige. Une autre conséquence en est le rôle des professions juridiques, beaucoup plus puissantes dans le monde anglo-saxon, et qui tiennent à le rester. Elles sont en première ligne dans l'influence sur la normalisation internationale : il s'agit de leurs marchés futurs ! Cela dit, la plus grande simplicité du droit romain recommence à faire des adeptes, y compris parmi les professionnels anglo-saxons. La sagesse serait de se diriger vers des solutions de synthèse ou alternatives, selon les cas. Il y a là une carte à jouer pour les promoteurs des droits romano-germaniques. Du côté français, ces derniers ont beaucoup à faire pour égaler les efforts de promotion de leurs confrères anglo-saxons.

La Soft Law

La normalisation mondiale est rarement contraignante à ses débuts, c'est sans doute la raison pour laquelle les Français et les Européens continentaux, habitués à la force du droit positif, en tiennent trop peu compte. Il s'agit en effet, pour commencer, de *Soft Law*, c'est-à-dire de principes directeurs, codes ou pratiques non juridiquement contraignants, mais imposés de fait par la pression morale des organismes publics et privés censés représenter l'intérêt général. Ces textes sont souvent des bases pour des règles contraignantes futures.

Avant même de devenir règle, la pratique est ainsi souvent de fait obligatoire. La *Soft Law* est une démarche typiquement issue de la *Common Law*. Elle provient souvent de propositions préalablement présentées par des ONG ou élaborées par des *Think Tanks*. Les illustrations de *Soft Law* sont nombreuses. Elles vont des « meilleures pratiques » rédigées par des ONG comme Transparency International au *Global Compact*, texte d'agrément volontaire à des principes d'ordre environnemental, social et de respect des droits de l'homme, proposé à la signature des entreprises multinationales par le secrétaire général des Nations unies en 2000, en passant par les chartes cosignées entre entreprises et syndicats internationaux et qui reprennent des grands principes du Bureau international du travail (BIT). Le *Global Compact*, ou *Pacte mondial* en français, signé début 2004 par environ mille cinq cents entreprises dans le monde, est une nouveauté juridique puisque sa signature est purement volontaire quoique fortement recommandée pour devenir partenaire international crédible auprès des acteurs multilatéraux, notamment organismes internationaux et ONG.

Stratégies américaines dans les organisations multilatérales publiques

Les organisations multilatérales mondiales élaborent les nouvelles règles du jeu, qui influencent à leur tour celles qui seront adoptées par les États. Cela est vrai pour les États en développement mais aussi pour l'Union européenne, très à l'écoute des modèles venus d'outre-Atlantique.

Les organisations multilatérales mondiales

Il est des « généralistes » de l'économie, comme l'OCDE, dont l'influence s'est considérablement accrue depuis une quinzaine d'années, passant d'un « simple » organe de référence statistique à un véritable producteur de normes de fonctionnement des affaires. L'OCDE a ainsi produit des codes de conduite et des principes directeurs à l'usage des multinationales dès 1975 et ceux revus en 2001 (et actuellement à nouveau en cours de révision) sont devenus de véritables bibles pour les entreprises souhaitant « bien se comporter » dans leurs affaires à l'international. L'OCDE est également à l'origine de plusieurs conventions, dont celle de 1996 sur la lutte contre la corruption d'agents publics étrangers.

D'autres institutions sont plus spécialisées et toutes-puissantes dans leur champ. C'est le cas par exemple d'agences spécialisées des Nations unies comme la Commission des Nations unies pour le droit commercial international (CNUDCI, UNCITRAL en anglais), qui rédige des règles et normes types dans divers secteurs allant du commerce électronique au financement privé des infrastructures.

D'autres organisations ne rédigent pas directement des normes mais contribuent au *brain storming* entre États, entreprises, ONG, syndicats ainsi qu'à la naissance de doctrines. L'on trouve dans cette catégorie le Programme des Nations unies pour l'environnement (PNUE, UNEP en anglais), qui est devenu l'un des piliers de la politique de développement durable de l'ONU.

L'Organisation internationale du travail (OIT, ILO en anglais), qui date d'avant guerre mais a été rattachée à l'ONU après 1945, est devenue, elle, le pilier social de l'ONU. Elle produit des déclarations, suscite le dialogue entre ses trois catégories de membres : États, entreprises et syndicats, et se pose en fournisseur de pré-normes en amont.

Dans le domaine du développement, le Programme des Nations unies pour le développement (PNUD) tient une place importante sur le terrain. Dans ce même domaine, la Banque mondiale et ses différentes composantes, à l'origine organismes purement financiers du développement, ont considérablement élargi et renforcé leur rôle depuis une dizaine d'années. La Banque mondiale est aujourd'hui productrice de doctrines de développement et conseille très activement les pays pauvres sur les politiques et les réformes institutionnelles à mettre en œuvre. Elle dispose de son propre *Think Tank*, le World Bank Institute, situé au siège à Washington.

Par ailleurs elle vient d'accroître encore sa compétence pour évaluer le fonctionnement des affaires dans les pays industrialisés, de manière à déterminer lesquels peuvent ou non servir de modèles pour les institutions à construire dans les pays émergents. Le rapport *Doing Business* qu'elle a présenté en France en février 2004 en est un exemple intéressant. Ce document entend évaluer l'environnement des affaires dans divers pays et selon les diverses réglementations qui les régissent. Les droits d'origine romano-germanique et en particulier le français sont ressortis écornés de cet exercice. Il leur est reproché de favoriser une « surréglementation » nuisible au développement. Cela a provoqué un tollé général dans les administrations et chez les professionnels français – dont certains pourtant avaient été questionnés, mais qui estiment que leurs réponses et leurs correctifs ultérieurs n'ont pas été convenablement retranscrits. Comme toujours en matière d'influence et de gestion de l'information, déclarations courroucées et manœuvres d'arrière-garde ne changeront rien ou très peu à l'image générale qui a été ainsi véhiculée auprès de tous les membres et experts de la Banque. Il eût fallu anticiper ce rapport et s'y intégrer en temps utile pour y faire valoir d'autres vues.

Cette étude vient « à point nommé » au moment où l'Afrique francophone, bastion du droit romain dans les pays en développement, fait l'objet d'un intérêt américain qui n'est plus dissimulé. Au moment aussi où se façonnent les droits des pays en transition qui entreront à plus ou moins brève échéance dans l'Union européenne.

Bruxelles et les pays européens

Avec un adversaire comme l'Europe, qui est en même temps un allié, la meilleure arme est l'influence. La quantité croissante de législations de l'Union européenne ou de ses États en fournit des occasions presque quotidiennes. Comme d'habitude, l'influence américaine n'est pas directe mais passe par des associations, groupes de pression, forums, etc. Le nombre et l'action des lobbies américains à Bruxelles ont été abondamment décrits. Encore plus judicieuse est l'influence par la pression morale diffuse. Elle est particulièrement sensible dans les domaines dits du développement durable : environnement et responsabilité sociale, ainsi que dans le champ financier. Une directive sur la responsabilité sociale est ainsi envisagée par la commission européenne et dans le forum préalable d'échanges de vues entre représentants de la société civile et administrations, l'on retrouve l'influence des doctrines d'outre-Atlantique.

Les notions de risque et de précaution et leur « juridisation » à l'américaine se transmettent ainsi peu à peu en Europe continentale.

Les dispositions de la loi Sarbanes Oxley (*Sarbanes Oxley Act,* SOA), adoptée en 2002 aux États-Unis, sur le contrôle des comptes et l'indépendance des auditeurs, ont inspiré nombre de lois de pays européens, dont la France, sur la sécurité financière. Les entreprises multinationales étaient de toute manière obligées de se plier aux demandes du SOA dans la mesure où elles travaillent, voire sont cotées aux États-Unis, mais les autres devront aussi désormais respecter ces standards venus d'outre-Atlantique.

Avec des fondements moraux inattaquables et en l'absence cruelle d'idées de la part des Européens, en particulier des deux leaders historiques que sont l'Allemagne et la France, les pratiques sont ainsi transportées sans trop de difficultés par les Américains, souvent aidés par les Britanniques ou les États nordiques, qui partagent avec eux sens du commerce et goût pour la transparence officielle. C'est ainsi que peu à peu se façonne un nouvel environnement européen des affaires.

Les modes d'action américains

Les États-Unis ont développé des stratégies de présence active dans toutes les organisations normatives internationales, d'abord par le biais de personnels de qualité placés aux « bons » endroits de l'organigramme. Ces bonnes places ne sont pas nécessairement les plus prestigieuses mais celles où se prennent véritablement les décisions, par exemple les directions du *procurement* (règles des appels d'offres de marchés publics) ou des projets.

Les États-Unis sont également présents par le biais de juristes et d'experts compétents qui participent aux groupes de travail. Dans ces organismes, l'élaboration des règles est toujours précédée de multiples réunions de consultations, souvent rébarbatives ou apparemment sans intérêt. Les représentants américains – ou ceux d'autres nations acquis à leurs thèses – sont toujours les plus nombreux et ont généralement préparé leurs interventions. À la CNUDCI, par exemple, la présence active d'avocats américains dans les délégations gouvernementales contraste singulièrement avec la faiblesse de la représentation française.

Quand une normalisation régionale autonome s'est développée sans eux dans une zone devenue stratégique, les États-Unis savent y pénétrer. C'est le cas de l'Organisation pour l'harmonisation en Afrique du droit des affaires (OHADA), créée à Port-Louis (Gabon) le 17 octobre 1993, avec le soutien de la France. Elle réunit seize États africains, tous francophones, bien que l'adhésion soit ouverte à tout État du continent. Son objectif est de réduire l'insécurité juridique et judiciaire qui prévaut en Afrique en élaborant et en codifiant des corpus de règles communs aux pays membres. Elle a également créé une Cour de justice et mis en place des procédures d'arbitrage ainsi que des formations pour les magistrats. Tout cela a été effectué à l'origine avec l'aide d'experts français. À la suite de difficultés financières, cette organisation a été récemment mise sous gestion déléguée du PNUD. Par ailleurs, certains États anglophones comme le Ghana et le Nigeria ont fait état de la difficulté de conjuguer les règles de l'OHADA, inspirées du droit romain, avec les leurs, issues de la *Common Law*. Les États-Unis ont donc organisé, en décembre 2003 à Dakar, un grand colloque sur la question, financé par le département du Commerce. De leur côté, la Banque mondiale et sa filiale, la SFI, seraient prêtes à financer un fonds d'assistance pour l'élaboration d'un code africain harmonisé des marchés publics.

Par ces méthodes professionnelles, intelligentes et actives, tous les organismes internationaux sont peu à peu devenus des lieux de diffusion des codes de pensée puis des normes américains. Le comble de la subtilité en matière d'influence est atteint quand peu à peu les modèles anglo-saxons s'imposent d'eux-mêmes, parce qu'ils sont les seuls ou les plus convaincants, sans que l'action volontariste soit même nécessaire. C'est le cas dans beaucoup d'enceintes internationales aujourd'hui. Le terrain de la normalisation internationale a été tellement bien préparé pendant des années que la réflexion se fait aujourd'hui presque naturellement selon ces codes de pensée. Et, de cela, les Européens – quand ils en ont conscience – ne peuvent s'en prendre qu'à eux-mêmes.

Stratégies américaines dans les enceintes privées

Les organismes publics ne sont pas seuls à proposer et à fabriquer des normes. Avant même le stade proprement juridique, l'opinion normative internationale se construit dans les divers lieux de rencontres des « faiseurs de décision ».

Ces processus un peu désordonnés continueront tant que les institutions de la mondialisation n'auront pas été mises en place. Les entreprises et les avocats américains sont presque toujours présents dans ces lieux stratégiques, tant il est vrai que ces acteurs économiques savent s'organiser seuls et n'attendent pas tout de leur État. Ils y mènent des stratégies d'influence et y défendent des positions qui confortent les actions de leurs administrations. Dans ces enceintes comme dans les autres, ce sont aussi les jeux groupés entre secteur privé et public qui font la force de la présence américaine globale.

Parmi ces enceintes normatives privées l'on trouve par exemple la Chambre de commerce internationale (CCI, ICC en anglais), située à Paris[1], qui rédige depuis plusieurs années des *rules,* règles ou contrats types dans tous les domaines de la vie des affaires. Ceux-ci sont souvent repris comme modèles dans les contrats financés par les organismes internationaux. La CCI est aussi une force de proposition sur les sujets économiques et financiers et règne en maître dans le domaine de l'arbitrage international. Elle a enfin joué un rôle important à la conférence de Johannesburg à l'été 2002, en créant notamment un organe ad hoc, le Business Action for Sustainable Development (BASD), qui a fédéré les positions du secteur privé en matière environnementale. Malgré

1. Actuellement présidée par un Français, Jean-René Fourtou, président de Vivendi Universal.

l'éloignement géographique, la présence des entreprises américaines est très notable à la CCI.

Dans le champ technique traditionnel de la norme, l'organisme de normalisation internationale (ISO), de tradition européenne, fait l'objet d'une « course croissante entre les États-Unis et l'Union européenne pour l'influence normative[1] ». Cette lutte a surtout lieu dans les secteurs des technologies avancées : informatique, télécommunications, etc. Jusqu'à présent, les normes américaines étaient naturellement plus utilisées. Mais, devant la conclusion d'un nombre croissant d'accords de reconnaissance mutuelle par l'Union européenne et donc le danger de concurrence normative, l'intérêt des États-Unis pour l'ISO augmente. Parallèlement, « ils cherchent à promouvoir tant au sein de la COPANT (Commission panaméricaine des normes techniques) que du PASC (Pacific Asia Standard Congress) une coordination des intérêts non européens afin de contrebalancer l'influence de l'Europe à l'ISO[2].

Dans le champ financier, des normes internationales ont été élaborées par l'International Accounting Standards Board (IASB), organisme privé mondial de normalisation comptable, dont l'Union européenne a décidé de reprendre les recommandations, à compter en principe du 1er janvier 2005. Or l'IASB a été fortement influencé par les pratiques anglo-saxonnes, qui,

---

1. « Les entreprises face aux normes, mieux défendre leurs besoins et leurs intérêts », rapport de la Chambre de commerce et d'industrie de Paris du 23 octobre 2003, p. 32.

2. *Ibid.* Citation de Y. Crignou dans « Le système normatif américain », *Crédit Lyonnais International,* avril 2001, p. 11.

comme en droit, traduisent des visions radicalement différentes de celles de la comptabilité « continentale ». L'IASB est composé de quatorze membres, dont un Français et dix Anglo-Saxons parmi lesquels cinq Américains. C'est une structure de droit privé britannique basée à Londres, financée par la Fondation de l'IASC, International Accounting Standards Committee, qui, elle, est américaine et présidée par Paul Volcker, l'ancien président de la Réserve fédérale américaine.

En Europe continentale et particulièrement en France, les entreprises, banques et assurances se sont montrées très émues de ces normes… une fois celles-ci élaborées. Leur application conduira en effet à de profonds changements dans l'aspect des bilans. En 2003 et 2004 ont donc eu lieu force contestations et autres démarches de dernière heure auprès de la Commission européenne. Les discussions étaient pourtant menées de manière ouverte depuis des années par l'IASB, et l'annonce de l'introduction en 2005 de ces nouvelles normes en Europe avait été faite en 2000.

Sur le fond, ces normes sont qualifiées par les professionnels d'alignement sur les pratiques américaines. À la suite de l'affaire Enron et des corrections comptables diverses qui ont dû être effectuées par de grandes entreprises aux États-Unis[1], les notions chères aux Américains de *fair value*[2] et de responsabilité des dirigeants vont être privilégiées. Pourtant le principe de l'« image fidèle » autour duquel s'arti-

1. Rank Xerox par exemple.
2. Valeur des actifs au moment des comptes.

culent les règles de présentation des comptes des entreprises en France ne semble pas inférieur au principe américain[1]. Une nouvelle fois se heurtent, comme en droit pur, deux grands types de conceptions : la « comptabilité juridique », qui revient à une obligation de moyens et où nul ne ment tant qu'il se conforme aux règles comptables, et la « comptabilité économique », qui fixe quelques principes et demande aux entreprises de s'y conformer[2].

Un dernier aspect de ces normes est leur intérêt, en termes d'intelligence économique, pour les concurrents : l'une d'entre elles, l'IAS 14, demande aux entreprises de fournir des informations beaucoup plus fines et parfois plus confidentielles qu'aujourd'hui. Ces exigences sont nettement plus fortes que celles imposées par la norme américaine correspondante. Il est en effet intéressant de souligner que les Américains gardent leurs normes, qui comportent quelques spécificités. En 2004, l'IASB était en négociation avec l'organisme de normalisation américain, le Financial Accounting Standards Board (FASB), pour arriver à une convergence.

Parmi les organismes privés américains qui participent à l'élaboration de la norme internationale, il faut citer la très influente International Bar Association, organisme mondial de représentation des avo-

1. Jean-Marc Espalioux, président du directoire du groupe Accor, actes du colloque, *L'Amérique telle qu'elle est dans les relations économiques internationales*, organisé par le Comité national des conseillers du commerce extérieur de la France, Paris, 4 décembre 2003, p. 30.

2. Matthieu Autret et Alfred Galichon, *Les Échos,* « Idées », 30 décembre 2003.

cats et professions juridiques, où les professionnels américains sont tout-puissants. Cette association est présente dans les travaux de très nombreuses organisations internationales publiques et privées.

L'influence des grands cabinets d'audit américains est plus discrète. Devenus multinationaux et souvent choisis par les plus grandes entreprises, y compris, en France, publiques et hautement stratégiques, ils contribuent par leur travail quotidien à transporter les pratiques des affaires de leur pays. À l'instar des ingénieurs-conseils et avocats britanniques, toutes ces professions reposent sur la prééminence du droit qui caractérise les sociétés anglo-saxonnes et doivent l'exporter pour conserver leur hégémonie. Cet objectif d'influence se marie parfaitement avec ceux de leurs gouvernements respectifs.

Les groupements internationaux de grandes entreprises sont un autre terrain d'influence. Le WBCSD (World Business Council on Sustainable Development), par exemple, élabore des propositions normatives en matière environnementale et éthique. Il entend, plus largement, représenter la voix des « multinationales responsables » auprès des organismes et décideurs internationaux. Dans la même catégorie l'on trouve une institution plus ancienne, la Commission trilatérale[1], où l'influence américaine était et continue d'être notoire. À ce jour l'on y trouve un Français, ancien ambassadeur aux États-Unis, sur une quinzaine

1. La Trilatérale réunit des présidents de très grandes entreprises du monde ainsi que d'anciens très hauts fonctionnaires comme Charlene Barchevsky, ancienne USTR, et des intellectuels prestigieux, comme Joseph Nye.

de membres du comité exécutif. Les associations internationales d'entreprises peuvent aussi être spécialisées par type d'organisme. Ainsi en est-il du BIAC (Business Industry Advisory Committee) auprès de l'OCDE ou de l'IOE (International Organization of Employers) auprès de l'OIT.

Les représentants des syndicats de travailleurs sont également des plates-formes d'influence. Le TUAC (Trade Union Advisory Committee), par exemple, joue auprès de l'OCDE le même rôle de défense des intérêts de ses mandants que le BIAC.

Il en est de même des ONG qui, à l'instar de Greenpeace, de WWF, de Care, d'Oxfam, de Friends of the Earth..., disposent d'experts qui donnent des avis et présentent aux organismes publics et privés des propositions concrètes qui deviennent peu à peu des régulations.

Tous ces organismes se distinguent par une présence américaine – et souvent aussi britannique et canadienne – importante. Dans les syndicats, l'on trouve également des Allemands. Dans leur sphère, les entreprises françaises commencent à investir, modestement encore, ces lieux d'influence. L'on trouve dix grandes entreprises françaises au WBCSD, dont le président actuel est un Français, Bertrand Collomb, président de Lafarge.

L'INFLUENCE VIA L'ÉTHIQUE ET L'ENVIRONNEMENT

C'est dans le champ des régulations éthiques que les Américains se sont jusqu'à présent révélés les plus habiles. Depuis quelques années, l'éthique est en outre l'un des piliers du développement durable, notion qui associe droits sociaux, droits de l'homme et protection de l'environnement.

La lutte anticorruption et la défense des droits de l'homme

Lutte antianticorruption ou arme commerciale

La lutte contre la corruption est devenue un principe clé de toutes les réglementations internationales et souvent nationales. Le mouvement a débuté à partir de la convention de l'OCDE contre la corruption d'agents publics étrangers de 1996, rédigée sous influence américaine. Depuis, plusieurs conventions internationales ont été signées en ce sens, la dernière en date étant celle de l'ONU signée en décembre 2003 à Mérida, au Mexique, par quatre-vingt-seize États. Toujours sous influence américaine, ce thème de l'anticorruption a été décliné en bonne conduite, bonne gouvernance, transparence, notions dont tous les nouveaux textes internationaux et nationaux s'inspirent aujourd'hui.

Où est le problème ? Certainement pas sur le fond. Il est bon que le sujet de la corruption ait été « mis sur la table » et l'on peut regretter que l'Europe communautaire ou des États européens n'aient pas plus tôt souhaité lutter contre ce qui dans certains pays est un vrai fléau. Mais le champ conceptuel libre laissé aux Américains en ce domaine leur a permis d'imposer en Europe leurs règles et leur approche juridique. Insidieusement s'opèrent ainsi des changements fondamentaux dans notre système juridique. En outre, les États-Unis ont traité le sujet comme un enjeu concurrentiel.

Reste que la lutte anticorruption est aujourd'hui devenue un dogme et une incantation obligatoire du politiquement correct dans presque tout discours ou écrit à caractère international. Ceux-là mêmes qui le prônent le plus se voient parfois l'objet d'accusations graves, comme celles lancées début 2004 au Sénat américain sur la corruption qui se serait exercée sur des contrats financés par la Banque mondiale et aurait porté sur une centaine de millions de dollars. Mais, dans ce domaine, le discours et la communication rivalisent en permanence avec la réalité. Au total, il reste un énorme travail conceptuel et pratique à accomplir pour réellement tenter d'éradiquer ce fléau. Ce pourrait être un objectif pour les pays européens que de s'y atteler, avec leurs entreprises et leurs ONG, et de présenter des propositions au plan mondial. Cela rattraperait les occasions manquées depuis dix ans.

Le cas de la convention OCDE de 1996

Au début des années 1990, les États-Unis voulaient appliquer à l'ensemble des pays de l'OCDE la même réglementation que la leur, fondée sur un texte de 1977, le FCPA (*Foreign Corrupt Practice Act*). Ils considéraient en effet qu'ils étaient pénalisés par rapport à des concurrents beaucoup plus libres qu'eux de recourir à la corruption. Nous n'aborderons pas l'objectif de moralisation, que l'on ne peut qu'approuver, mais la manière rapide et efficace dont le gouvernement américain a su faire avancer ses demandes, normalisant la règle multilatérale et les droits européens par des dispositions directement issues du droit américain et, accessoirement, nuisant durablement à l'image de leurs concurrents.

Les négociations sur une convention traînaient depuis plusieurs années à l'OCDE. En 1995 débute une campagne d'influence américaine. Des cibles négatives sont dressées. Il s'agit de définir le « mal », contre lequel il ne peut qu'être juste de combattre. Ainsi lit-on fin 1995, dans la *National Export Strategy* pour 1996, que la diplomatie commerciale des gouvernements étrangers est légitime. Mais dès le paragraphe suivant apparaît cette phase : « des tactiques sujettes à caution se glissent derrière cette pression économique et politique »[1]. Et d'énoncer en vrac : offres de prêts, promesses d'aide et menaces de retirer cette aide, promesses de droits et privilèges. Les Français sont accusés de pression sur la Mauritanie face à des entreprises américaines techniquement supérieures ; le même reproche est formulé contre les Japonais pour le réseau ferré Pékin-Shanghai ; et des fonctionnaires taïwanais sont accusés d'avoir été corrompus par Ericsson entre 1988 et 1991.

Toujours début 1996, *The Economic Report* du président américain annonçait que le TPCC avait identifié 11 milliards de dollars de contrats perdus par les exportateurs américains en deux ans, à cause de la corruption pratiquée par les firmes étrangères. Tout cela alors que « dans le même temps les États-

1. La France est citée au premier rang, puis viennent le Canada, le Royaume-Uni, l'Allemagne et quelques nouveaux compétiteurs comme l'Italie, l'Espagne, l'Australie, Taïwan, la Malaisie et le Mexique.

Unis ont continué à prendre des mesures pour s'assurer que la globalisation améliorait les standards de vie dans tous les pays et promouvoir la liberté d'association, le droit de s'organiser pour négocier collectivement, la non-discrimination au travail, l'interdiction du travail forcé et l'élimination de l'exploitation du travail des enfants ». L'on ne peut mieux dresser un tableau en noir et blanc, avec les « gentils » et les « méchants ». Toujours au même moment, des officiels américains donnaient des interviews faisant état des mêmes chiffres, parfois d'ailleurs augmentés. Les termes « concurrence déloyale » (*unfair competition*) ou « acharnée » (*fierce competition*) revenaient fréquemment, non seulement dans les rapports de l'administration, mais aussi dans la presse internationale.

Il était dès lors entendu que c'était à cause des pratiques illégales ou douteuses de leurs concurrents que les Américains perdaient des contrats. Leurs propositions bénéficiaient donc d'un a priori favorable. D'autant que des propositions très proches des leurs étaient concomitamment apportées et défendues par l'ONG Transparency International dont les représentants participaient aux débats.

En face, les États « partenaires » membres de l'OCDE restaient muets, tétanisés par la crainte d'apparaître justifier la corruption, et sans réaction autre que défensive. Ce silence fut considéré comme un aveu implicite de culpabilité : si les pays mis en cause par les États-Unis discutaient – voire contestaient – certaines des dispositions présentées, c'était nécessairement parce qu'ils voulaient continuer à corrompre. Dans un cercle infernal, cela confortait les accusations portées contre eux et les rendait encore moins crédibles.

Pourtant, dans un tel contexte où l'image parle plus que la réalité, les autres États, la France par exemple, auraient pu communiquer sur le fait que le FCPA de 1977 était peu appliqué. Un autre axe de communication eût pu être que les Européens se battaient pour faire adopter une convention plutôt qu'une recommandation, pour son caractère plus strict[1]. Les Européens et les Japonais auraient pu mieux faire valoir qu'ils ne souhaitaient pas se voir imposer des dispositions d'origine étrangère, qui sont de surcroît appliquées différemment dans les systèmes judiciaires européens et dans celui des États-Unis (par exemple, dans le système américain, seul le *general attorney*, « ministre de la Justice » fédéral, peut déclencher des poursuites, ce qui réduit considérablement les cas d'instruction).

Mais les Européens ne savent pas aussi bien jouer de l'arme de l'information. Car c'est bien par leur supériorité dans le traitement de l'information et de l'image que les États-Unis ont fait aboutir leurs demandes. Au final, les clauses adoptées changent considérablement le droit positif de nombreux États européens et lui plaquent des dispositions d'origine culturelle différente, ce qui aboutit à une certaine insécurité juridique. La confusion de la forme et du fond a été jouée de façon remarquable par les négociateurs américains. Aujourd'hui, l'ordre règne : la

1. Cela a finalement été le cas.

convention a été transposée dans presque tous les pays signataires et des « comités des pairs » (*peer reviews*) examinent chaque année la manière dont les États ont rédigé leur loi anticorruption puis la façon dont ils l'appliquent. Selon certains, l'action des États-Unis s'est révélée une tactique idéale pour contrôler l'application de règles qu'ils avaient eux-mêmes édictées, mieux contourner le droit imposé aux autres et exploiter à leur bénéfice les cas de corruption détectés, par tout moyen, dont le chantage, sur le corrupteur ou le corrompu.

L'observation de ces processus conduit à s'interroger sur la part prise par les organisations non gouvernementales dans ces pratiques d'influence normatives.

Le moins que l'on puisse dire est que, dans les négociations à l'OCDE, les Américains n'ont pas trouvé d'ONG hostiles en face d'eux. Bien au contraire, l'ONG Transparency International s'est présentée comme l'un des principaux relais de leurs thèses. La similarité des propositions de cette ONG avec les leurs de même que son hostilité aux « corrupteurs » européens y ont été remarquées.

Transparency International est financée par les plus grands groupes multinationaux, américains mais aussi français pour son « chapitre » français (Transparence internationale). Or, dans le même temps, elle juge des États – par son indice de *perception* de la corruption – et propose aujourd'hui des conseils rémunérés pour mettre en place des conduites éthiques. On peut être étonné devant des liens qui seraient en France et en Europe continentale considérés comme « incestueux » entre ONG et affaires. Cependant les Anglo-Saxons sont beaucoup moins effrayés que nous par ceux-ci, c'est d'ailleurs la raison pour laquelle leurs organisations caritatives sont si importantes et si professionnelles.

Aujourd'hui, l'OCDE, où les ONG et toujours notamment Transparency International sont très reconnues, cherche à attribuer un statut au *Whistle Blowing*, c'est-à-dire à l'« alerte » et à la remontée d'informations via des salariés ou quiconque aurait connaissance de faits délictueux par ses fonctions. La méthode ravive, en France et dans d'autres pays d'Europe comme la Belgique, de fâcheux souvenirs. S'il faut rechercher des moyens de mieux cerner la corruption, l'on pourrait aussi examiner, quitte à les améliorer, les dispositions des droits du travail européens continentaux qui accordent une protection sans pareille et donc une grande liberté de parole aux représentants du personnel. Les fonctionnaires sont aussi concernés, et, en France, ils ont déjà obligation pénale de signaler tout fait de corruption dont ils seraient témoins.

TRACE est une autre ONG américaine qui cherche à améliorer le respect de l'éthique dans les relations commerciales internationales. Elle était présidée jusqu'il y a peu par le vice-président de Transparency International. La directrice des relations internationales de Northrop Grumman – grand groupe américain de systèmes électroniques et de hautes technologies d'information des secteurs de l'espace et de la défense – lui a succédé. Moyennant paiement d'une modeste cotisation, TRACE se propose de labelliser la « propreté » des intermédiaires dans les affaires internationales et de mettre en relation les entreprises qui le souhaitent avec des agents dûment certifiés comme « éthiques ». Sa présidente, ses partenariats étroits avec la Banque mondiale, le dirigeant de sa section anglaise – un fonctionnaire de la BERD également membre de la commission anticorruption de la Chambre de commerce internationale (ICC), elle-même haut lieu de l'influence américaine –, son groupe de travail avec l'International Bar Association dominée par les *lawyers* américains..., autant d'éléments qui, réunis, laissent une étrange impression à l'observateur.

La moralité paraît ainsi monopolisée par un groupe aux réseaux multiples qui sont tous sous la même influence. La tentation est grande pour les Américains d'imposer des standards et des partenaires, tous dévoués aux mêmes intérêts, qui pourront, le cas échéant, faire échec à des concurrents pour des « raisons » inattaquables. En outre, compte tenu du poids déjà mentionné de ces acteurs dans les enceintes internationales, il y a fort à parier que cette labellisation pourrait un jour servir de référence à des instruments juridiques internationaux plus contraignants.

L'instrumentalisation de la notion des droits de l'homme

Les États-Unis font volontiers référence aux principes des droits de l'homme et de la démocratie. Il n'y a rien à redire à cela puisque ces notions servent effectivement l'intérêt général, encore qu'on puisse avoir des visions des droits de l'homme différentes et que l'on puisse parfois penser qu'au terrorisme intellectuel exercé depuis trois quarts de siècle par les intellectuels marxistes se substituent désormais les pressions des « bien-pensants » et du « politiquement correct » définis à Washington.

Cependant, les mises en cause d'États sur la base des droits de l'homme vont généralement de pair avec un retard de la pénétration américaine sur les marchés de ces mêmes États. Ainsi, Washington tire-t-il parti de sa position dominante dans la géopolitique et l'économie mondiale pour définir selon ses critères – essentiellement commerciaux – l'échelle du « politiquement correct » parmi les pays du tiers-monde. S'ensuivent pour ces derniers des conséquences en cascade, notamment en ce qui concerne les crédits bilatéraux, voire multilatéraux. Un certain nombre d'États clients de l'Amérique ne sont jamais inquiétés, malgré les exactions et oppressions auxquelles ils se livrent. C'est en particulier le cas de la Colombie, de la Chine et de divers pays arabes du Golfe. Ce fut longtemps celui de l'Indonésie. Car l'Amérique y bénéficie de contrats importants.

La protection de l'environnement

La protection de l'environnement est un autre principe directeur de la mondialisation. Aux États-Unis, il est apparu récemment et s'est imposé avec force. Ce secteur faisait partie de la Trade Promotion Authority (TPA)[1], délivrée en 2002 au président Bush

1. Auparavant dénommée *Fast Track*, cette mécanique donne pouvoir à l'exécutif de négocier en matière commerciale en respectant un certain nombre de grands principes directeurs fixés par le Congrès, qui répond alors par oui ou non aux propositions présentées.

par le Congrès. Le texte de 2002 contient des « dispositions vertes » très précises. Il faut entendre le terme « environnement » dans son sens large, celui du *Global Compact* des Nations unies, qui le lie indissolublement au respect des droits de l'homme et du travail. L'environnement devient un objectif contraignant de négociation, énoncé de la manière suivante :

– à l'égard des partenaires commerciaux des États-Unis, s'assurer que ces derniers ne s'exonèrent pas de mettre en œuvre des lois environnementales dans le but de se créer un avantage déloyal ; réduire ou éliminer les pratiques ou politiques qui menacent l'environnement ;

– promouvoir la vente de produits américains « verts » ;

– promouvoir la prise en compte d'accords multilatéraux environnementaux au sein des négociations commerciales ;

– et, comme toujours, établir des mécanismes de consultation avec les partenaires pour renforcer leur capacité à développer des normes environnementales et de santé publique.

On le voit, ces dispositions sont assez nettement orientées vers l'« éducation » et la « surveillance » des partenaires, notions importées des pratiques américaines où les mécanismes de *peer review,* ou contrôle par la communauté des pairs, sont culturels, relevant des coutumes des communautés protestantes. Ces thèmes inspirent toutes les interventions américaines, directement en bilatéral – clauses de l'OPIC, de l'EximBank, etc. – ou dans les enceintes multilatérales – OMC ou autres –, notamment dans les secteurs suivants[1] : la libéralisation des services, les discussions sur l'agriculture, la négociation des droits de propriété intellectuelle[2], les pratiques réglementaires prévoyant l'ouverture des marchés, les négociations sur la transparence menées à l'OMC.

Dans sa déclaration du 9 mars 2004 devant le Sénat, Robert Zoellick, le haut fonctionnaire en charge des relations commerciales bilatérales et multilatérales des États-Unis, a exposé qu'aucun autre État ne faisait autant que le sien pour inclure des clauses fermes concernant les droits sociaux et la protection de l'environnement dans les accords commerciaux internationaux. Et ce, alors que « certains autres États parlent beaucoup mais ne font rien ».

Tout cela est vrai et peut surprendre dans la mesure où les États-Unis n'ont pas ratifié le protocole de Kyoto sur la réduction des émissions de gaz à effet de serre, ce qui leur est vivement reproché en Europe. En fait, ils sont réellement impliqués dans la protection de l'environnement mais, non initiateurs sur Kyoto, donc méfiants, ils ne veulent tout simplement pas adopter des normes définies par d'autres. « Ces interlocuteurs [américains] sont tout aussi conscients des problèmes de pollution. (…) Le non à Kyoto a été accompagné d'actions volontaristes allant dans le même sens, par exemple à travers le projet de développement d'une filière hydrogène et globalement à travers un pro-

1. Cf. *Trade Act* de 2002 donnant la *Trade Promotion Authority* au président Bush.

2. Le secteur des brevets est aussi un secteur clé de la normalisation pour les Américains.

gramme que je considère comme visionnaire sur ce sujet[1]. »

Il faut rappeler que c'est à la demande des entreprises américaines, relayées par leur administration, que l'OCDE a adopté en décembre 2003 des normes environnementales contraignantes, auxquelles tout financement à l'exportation soutenu par les États (« crédit export ») devra se conformer. Pour que les exportateurs bénéficient de leur couverture, les agences nationales qui délivrent ces financements devront désormais exiger d'eux l'engagement de respect des critères standards des banques multilatérales (Banque mondiale, InterAméricaine) en matière d'environnement. Les Américains auraient souhaité des normes encore plus contraignantes, comme celles pratiquées par l'Exim-Bank. Par exemple, aucune entreprise américaine n'avait pu soumissionner sur le gigantesque projet de barrage des Trois-Gorges en Chine car il contrevenait à la conception de la protection de l'environnement défendue par la banque. Les entreprises américaines en avaient conçu quelque amertume. L'adoption du texte de 2003 par l'OCDE a donné lieu à félicitations des gouvernements américain et britannique par l'ONG Environmental Defense qui participait aux discussions. Réciproquement, les représentants officiels américains ont congratulé les activistes allemands et japonais qui pressaient leurs gouvernements d'accepter les normes américaines.

---

1. Anne Lauvergeon, présidente du directoire du groupe Areva, actes du colloque, *L'Amérique telle qu'elle est dans les relations économiques internationales*, organisé par le Comité national des conseillers du commerce extérieur de la France, Paris, 4 décembre 2003, p. 18.

Il est donc probable que l'influence américaine dans le domaine de l'environnement ne soit que différée. Les Américains utilisent la totale liberté dont ils disposent, n'ayant pas signé l'accord, pour développer des technologies permettant de mieux maîtriser l'émission et la captation de CO_2. Ils les proposeront ensuite au reste du monde en tant que normes plus avancées et incontournables. Ils attendent enfin de voir les résultats sur les entreprises européennes des dispositions d'application du protocole de Kyoto mises en place par l'Union européenne en 2005. Ils en observeront les bénéfices et les nuisances économiques créés pour les intégrer dans leur propre réflexion. Ils pourraient ainsi, à l'avenir, devancer plus facilement des concurrents européens embarrassés par les procédures contraignantes décidées par la Direction générale de l'environnement de Bruxelles.

L'INFLUENCE SUR LES PRATIQUES DE LA GLOBALISATION

L'influence sur les pratiques commerciales

Outre l'éthique, les grands thèmes en discussion dans les enceintes internationales sont presque toujours d'origine américaine (la transparence des marchés publics, la libéralisation mondiale des marchés, la déréglementation, le partenariat public-privé, etc.) ou présentés comme tels[1].

1. Claude Revel, « De l'information dans l'approche internationale des décideurs américains et français », *Revue internationale et stratégique*, n° 31, automne 1998, pp. 35-47.

Les Américains ont par exemple entrepris de démanteler systématiquement les soutiens étatiques dont bénéficiaient encore leurs concurrents. À l'OCDE, cela a abouti à l'harmonisation des conditions de crédit à l'exportation afin de créer un terrain de concurrence égalitaire[1]. Là encore, rien à redire sur le fond, c'est le bon fonctionnement de la concurrence que l'on privilégie. Mais cela a, d'une part, pour conséquence d'alléger la charge des organismes publics américains d'aide à l'export, alors même que les subventions aux agriculteurs ont été augmentées récemment ; d'autre part, cela ne tient pas compte d'autres dispositions américaines plus subtiles pour aider leurs entreprises exportatrices, comme celles bénéficiant aux Foreign Sales Corporations[2] (ou FSC), qui ont cependant fini par être portées par l'Union européenne devant l'OMC.

Un autre chantier, en cours, concerne la lutte contre l'aide liée. Il s'agit d'une forme d'aide au développement sur les programmes de laquelle ne peuvent soumissionner que les nationaux du pays donateur. Elle est donc accordée par un pays donateur qui la lie à l'utilisation de ses entreprises nationales pour mettre en œuvre les programmes et projets qu'elle finance. Il est clair que ceux qui ont les plus faibles scores en matière d'aide au développement (États-Unis en pourcentage et pays scandinaves en absolu)

1. Il s'agit du fameux *Level Playing Field.*

2. Mécanisme de déductibilité fiscale d'une partie des bénéfices réalisés à l'export par les filiales des sociétés américaines, les FSC permettent à des entreprises américaines de ne pas être imposées aux États-Unis sur environ 15 à 30 % de leurs bénéfices réalisés à l'étranger quand ils sont réalisés par des filiales étrangères.

ont intérêt à ce que les contrats financés par l'aide au développement ne soient pas réservés aux nationaux, car cela leur permet d'accéder à plus de financements. Les tenants du démantèlement font valoir qu'outre son caractère plus respectueux des choix du pays récipiendaire l'aide déliée permet *in fine* l'ouverture de marchés de développement plus importants. Cela est vrai, mais à condition que les pays qui la gèrent appliquent scrupuleusement les règles d'ouverture. Or cette application n'est pas contrôlée.

Quoi qu'il en soit, les États-Unis se sont employés, dans toutes les enceintes internationales, à réduire l'aide liée. Celle-ci est aujourd'hui théoriquement interdite par l'OCDE, sauf pour les pays les moins avancés et quand il s'agit de programmes de développement. L'Union européenne, qui est de plus en plus influencée par les régulations multilatérales mondiales, est en passe de l'interdire également. Les États-Unis développent des programmes internes d'information sur l'aide non liée de leurs concurrents et renforcent leurs efforts pour que les entreprises américaines puissent en bénéficier. En même temps, l'EximBank américaine a mis en place depuis dix ans le Tied Aid Capital Projects Fund, qui est précisément un fonds d'aide liée en faveur des entreprises américaines mais « pour contrer les menées déloyales des concurrents ».

Les Américains savent donc lancer de nouvelles causes ou de nouvelles normes après avoir affaibli leurs concurrents par une préparation ciblée de l'opinion. En sens inverse, quand ils sont attaqués sur leurs propres « turpitudes », par exemple par l'Union européenne à l'OMC sur les distorsions de concurrence liées à leur pratique des *Foreign Sales Corporations,* ils se défendent très solidement. Ce n'est qu'avec beaucoup de persévérance que les Européens arrivent peu à peu à faire triompher leurs positions. En effet, après la première condamnation, les Américains ont mis en place une autre législation peu différente. Quand celle-ci a été à nouveau condamnée par l'OMC, l'administration américaine a présenté des études indiquant qu'en réalité, « pour qui connaît bien les lois de l'économie », ce système contribue au contraire à défavoriser la situation macroéconomique du pays[1]. Avec l'accord de l'OMC, l'Union européenne a finalement mis en œuvre en mars 2004 la liste de sanctions de produits américains d'un montant de 4 milliards de dollars qu'elle avait annoncée. Le Congrès s'est alors résolu à supprimer le système des FSC (à partir de début 2007). Il a parallèlement accordé aux entreprises américaines d'autres avantages fiscaux internes du même montant.

L'influence sur les doctrines de l'aide au développement

À partir de 1993, l'accent a été mis par l'administration Clinton sur l'aide au développement comme axe majeur de la stratégie de soutien des États-Unis à leurs entreprises. Comme à l'accoutumée, cela a été

1. David L. Brumbaugh, « Report for Congress, Export Tax Benefits and the WTO », 30 janvier 2003.

présenté sur la base de concepts ou principes directeurs.

Le premier d'entre eux est *Trade not aid*, énoncé dès 1996[1] : « Une partie de l'aide étrangère est simplement l'expression de notre sens de l'humanité, mais il faut aussi aider ces pays à tenir debout sur leurs propres pieds. » Ce principe est partagé par les pays en développement eux-mêmes. L'idée, non contestable, est de promouvoir un développement des capacités productives et commerciales autonomes. L'effort est en particulier porté sur la création et la dynamisation du secteur privé local. L'aide ira en priorité à ceux qui travailleront le plus dans ce sens. Néanmoins, ce principe « joint l'utile à l'agréable » pour les Américains, car il permet aussi de limiter les dépenses d'aide publique au développement (APD). Il reste plus que jamais directeur dans l'administration Bush.

La bonne gouvernance (selon les normes américaines) est une deuxième clé de voûte des politiques de développement menées par l'United States Agency for International Development (USAID), en particulier en Afrique. Elle est devenue l'un des critères principaux des aides américaines, qui commencent toujours par une assistance technique qui en explique le contenu. Là encore se formate un type d'environnement des affaires selon les normes des États-Unis.

La libéralisation des marchés reste un troisième objectif constant. Il s'agit de mettre en place dans les pays en développement des conditions favorisant le

1. Rapport « National Export Strategy » remis au Congrès par le secrétaire d'État au Commerce Mickey Kantor en octobre 1996.

libre-échange et l'économie libérale. Les privatisations ou, depuis plus récemment, les partenariats public-privé seront encouragés, ce qui facilitera les investissements étrangers.

Le respect de ces trois critères a fourni le contenu du quatrième principe américain d'intervention dans le développement, qui est celui de la conditionnalité des aides. Des résultats probants en matière de réforme économique et de bonne gouvernance doivent pouvoir être mis en avant par les pays pauvres pour bénéficier des plus larges mannes.

Là encore, ce n'est pas le fond qui peut poser problème mais l'application. L'on ne peut en effet s'empêcher, au vu des listes successives de « bons » et de « moins bons élèves », d'imaginer une corrélation avec des intérêts américains plus larges. En Afrique, premier champ d'application de ce critère, les pays anglophones ont longtemps été les mieux vus, en particulier le Ghana et l'Ouganda. Cependant, suivant en cela le nouvel intérêt stratégique des Américains pour l'Afrique de l'Ouest, la sollicitude américaine en termes de montants de crédits de coopération s'adresse aujourd'hui de plus en plus à des pays de l'Afrique francophone.

Les Américains utilisent toute leur influence pour que tous ces critères, établis selon leurs vues, soient repris et relayés par les institutions financières internationales. Tel est bien le cas pour la Banque mondiale, et même pour l'Union européenne. Le contenu de ces critères tout comme leurs modalités d'application pourraient pourtant faire l'objet de propositions de la part des partenaires européens. Mais les anciens colonisateurs restent souvent encore tétanisés par la culpabilité et surtout n'accordent pas à ces jeux d'influence les moyens qu'ils mériteraient.

Ainsi les agences et programmes multilatéraux sont-ils utilisés par les Américains comme forums de lancement de concepts, de doctrines, de règles et de projets, mais aussi bien se méfient-ils de ceux-ci quand, sur le même modèle, comme à Kyoto, de tels programmes sont lancés par des concurrents. Cela est parfaitement leur droit. Mais ils peuvent agir ainsi car ils ont pris une longueur d'avance en termes d'influence, et que celle-ci est soutenue par une créativité permanente.

L'INFLUENCE SOCIOCULTURELLE

L'influence ne s'exerce pas seulement autour des grands contrats ou des normes juridiques et éthiques élaborées dans les organisations internationales. Elle touche également un spectre plus large, celui des normes socioculturelles et du conditionnement du style de vie des consommateurs.

Dans la compétition économique, à l'ère de l'information, de la connaissance et du multimédia, ceux qui gagnent sont ceux qui imposent leurs concepts et leurs idées en amont. Nous vivons aujourd'hui dans un univers mondialisé où toute nouvelle idée est immédiatement transmise puis reprise aux quatre coins de la planète. Son succès est d'autant plus grand, rapide et durable qu'elle est démultipliée par une campagne médiatique. Ce phénomène décuple les mouvements de mode et provoque l'identification au milieu qui l'a généré, lequel devient, *de facto*, une référence.

Les normes socioculturelles conditionnent les comportements et le style de vie d'une nation, lesquels influencent les consommateurs et modèlent l'activité économique. Ainsi, derrière des films, téléfilms, clips, a priori sans autre objet que divertir, se profile la promotion du style de vie qui leur a donné naissance. Cela a des impacts énormes en termes culturels, mais aussi politiques, sociaux et économiques. Tout acteur économique souhaitant pénétrer de nouveaux marchés doit donc créer et imposer ses concepts, car ils représentent un avantage concurrentiel. Une technique répond à cet objectif, consistant à établir une norme intellectuelle, à définir un référentiel de société : le *Social Learning*.

La technique du *Social Learning*[1]

L'objectif du *Social Learning* est la conquête des territoires mentaux. Il procède à un véritable formatage intellectuel des cadres et des décideurs d'un pays visé, prenant ainsi, par des voies indirectes, le contrôle de leur référentiel de raisonnement et les orientant naturellement vers des comportements socioculturels précis, ce qui conduit à les transformer en clients quasi assurés. Les destinataires de cette opération d'influence très élaborée sont les centres de décision ou de référence d'une nation – administratifs, politiques, économiques, culturels, sportifs, musicaux,

1. Éric Denécé, « Le formatage culturel par le *Social Learning* », in Ludovic François (dir.), *Business sous influence*, Éditions d'Organisation, Paris, 2004, pp. 61-82.

etc. – ayant un pouvoir d'influence ou d'entraînement sur le reste de la communauté. La manœuvre oriente alors en toute légitimité ces publics vers l'offre qui se dissimule derrière ce processus de formation apparemment anodin.

Par le biais du *Social Learning*, les acteurs économiques cherchent à prendre le contrôle d'un marché en amont, en façonnant ses goûts et ses besoins – voire en les conditionnant. Il s'agit d'adapter, parfois longtemps à l'avance, le client à son offre, de détruire celle de la concurrence, mais aussi de substituer l'influence politique et culturelle de son État à celle de la partie adverse.

L'influence du mode de vie sur le monde des affaires est fondamentale. Les traditions et les cultures continuent de façonner l'environnement politique et réglementaire dans lequel se signent les contrats. L'imposition de nouvelles normes culturelles destinées à conditionner le style de vie d'un pays donné peut se faire selon différentes voies. Nous avons choisi trois illustrations parmi les plus répandues : l'enseignement, la langue et le cinéma.

Enseignement

Le *Social Learning* se fonde en premier lieu sur la formation des futures élites. Il utilise pour cela les effets combinés de la culture, de la connaissance et de la psychologie pour amener de futurs décideurs à penser selon un certain schéma de pensée initié par l'« influenceur ». Par le biais de l'enseignement se produit peu à peu un formatage des idées sur le modèle américain dans bon nombre de pays d'Europe, dont la France. La formation professionnelle, secteur stratégique, notamment pour les nouveaux pays industrialisés, permet également de renforcer les coopérations et les échanges commerciaux.

La tradition universitaire anglo-saxonne est de repérer les élites, principalement étrangères, parmi les étudiants, et de les valoriser. Elles sont suivies, coachées, accompagnées pendant leur séjour, et des liens durables sont entretenus avec elles lors de leur retour au pays. La même démarche a été reproduite outre-Atlantique, région qui attire le plus d'étudiants étrangers au monde[1].

Ainsi, au niveau des écoles de commerce, les *Masters of Business Administration* (MBA) sont devenus la référence. Les cabinets de conseil et d'audit anglo-saxons, qui incarnent la norme en matière de management, attirent chaque année plus de jeunes diplômés. Et il est plus facile de vendre des produits américains que des produits français à des personnes qui ont fait une école de commerce outre-Atlantique et sont habituées au mode de vie américain.

Langue

L'histoire et les langues constituent toujours des facteurs de rapprochement entre les décideurs. Les mouvements d'internationalisation des entreprises sont très fortement marqués par ces affinités culturelles. En

1. En 1968 déjà, le professeur Titmum de la London School of Economics avait calculé que plus de 100 000 cerveaux drainés aux États-Unis entre 1949 et 1967 ont permis une économie de formation de l'ordre de 4 milliards de dollars (Jacques Soppelsa, *10 mythes pour l'Amérique*, Ellipses, 1997, p. 25).

effet, si la globalisation des échanges abolit les frontières, les États n'en ont pas moins tendance à se regrouper et à s'associer en fonction des données culturelles et historiques communes. Les entreprises américaines vont naturellement au Canada, les entreprises portugaises au Brésil, les entreprises britanniques en Inde ou à Hong Kong, les entreprises françaises au Maghreb ou au Proche-Orient. Ces proximités culturelles et linguistiques se trouvent renforcées par l'existence de réseaux d'hommes et de femmes qui partagent des valeurs et une éducation communes et que de multiples liens, souvent personnels ou familiaux, rapprochent[1].

La sphère anglo-saxonne bénéficie d'un fort esprit communautaire animé par une langue commune et une tradition orale qui offrent un réel avantage dans un monde de communication où l'anglais est la seule langue pratiquée. Elle partage le même goût des affaires, les mêmes modèles juridiques et l'esprit de libre entreprise. Les peuples qui la composent sont issus de la même école de pensée, ce qui favorise les échanges. La sphère anglophone offre donc, dans le domaine de l'information, un réel avantage en termes de réactivité des réseaux sur l'Europe[2].

D'autant qu'en matière commerciale, imposer son vocabulaire, c'est souvent remporter la toute première bataille. Ainsi, de *walkman* à *wargame*, de *teenagers*

1. Jean-Marc De Leersnyder, « Les nouveaux risques commerciaux », in *La Gestion des risques internationaux*, Pascal Chaigneau (dir.), *op. cit.*, pp. 53-54.

2. Dominique Fonvielle, « Une approche pratique de la pluralité des modes d'influence », *Revue française d'intelligence économique*, AFDIE, n° 6-7, avril/octobre 2000, pp. 103-111.

à *fast-food*, de *management* à *benchmarking*, les Américains ont pris de l'avance. « Dans la mesure où l'américanisation du vocabulaire, de l'imaginaire accompagne celle du mode de consommation, ce phénomène culturel quasi planétaire offre l'un des supports les plus efficaces de pénétration des entreprises américaines sur les marchés porteurs[1]. » Face à cette profusion, combien les Japonais peuvent-ils revendiquer de termes d'envergure mondiale ? Fort peu : karaoké et les noms de sports martiaux. Et les Européens ? Aucun ! De plus, les Américains ont le génie d'associer à leurs stratégies économiques une image très positive d'eux-mêmes : jeunesse, dynamisme, décontraction, professionnalisme, technicité. « C'est grâce à cette imprégnation croissante que l'influence culturelle américano-britannique s'est étendue aux trois quarts du monde. Des élites dirigeantes, des secteurs tertiaires aux bataillons “avancés” des couches moyennes, elle s'est diffusée au sein des classes populaires[2]. »

La suprématie de l'anglo-américain est désormais une évidence dans les cénacles scientifiques, résultat d'un incessant pilonnage durant les quatre dernières décennies comme des effets indirects de l'attraction des meilleurs cerveaux, ou *brain drain* ; sans parler des situations de monopoles parfois proprement ahurissantes, comme celui de l'Argus des citations scientifiques des chercheurs non anglophones, détenu depuis de nombreuses années par une société américaine pri-

1. Rémi Kauffer, *L'Arme de la désinformation : les multinationales américaines en guerre contre l'Europe*, Grasset, 1999, pp. 290-291.
2. *Ibid.*

vée, la société Garfield de Philadelphie. Cette dernière ne cite que des publications en anglais, parues dans 90 % des cas dans des revues nord-américaines : il en résulte que l'ensemble de l'évolution scientifique de la recherche française, notamment, passe par la bonne volonté d'un organisme privé américain[1].

Cinéma

Le cinéma est aujourd'hui le troisième secteur d'exportation américain après l'aéronautique et l'agro-alimentaire. C'est dire l'importance de cette industrie pour les États-Unis. D'autant que Hollywood est aussi un acteur majeur du dispositif d'appui aux exportations américaines[2]. En effet, la diffusion de films, partout dans le monde, permet de préparer le terrain aux implantations futures d'entreprises et rend plus facile l'installation de la domination économique. Rappelons-nous que les Américains arrivèrent en France, à la Libération, avec d'impressionnants stocks de films. Cependant, dans un premier temps, seules les séries B furent diffusées. Les films à succès attendirent la signature des accords Blum-Byrne du 28 mai 1946, instaurant une politique de quotas : contre l'aide accordée 650 millions de dollars les Français acceptèrent sur les treize semaines d'un trimestre de diffuser des films américains pendant neuf semaines, les quatre autres étant réservées à la production nationale[3]. Le président Hoover avait d'ailleurs pour habitude de

1. Jacques Soppelsa, *10 mythes pour l'Amérique*, *op. cit.*, p. 38.
2. Jean-François Tacheau, *Stratégies d'expansion du nouvel empire global*, L'Âge d'homme, Lausanne, 2001, p. 97.
3. *Ibid.*, p. 99.

dire : « Là où le film américain pénètre, nous vendons davantage d'automobiles américaines, plus de casquettes, plus de phonographes américains[1]. » Telle est l'une des facettes du *Social Learning* : installer peu à peu un nouveau modèle de société dans l'inconscient collectif des spectateurs.

Une application du *Social Learning* : la stratégie de prise de contrôle des pays européens libérés du communisme

En Belgique, les institutions européennes et l'OTAN ont été, au début des années 1990, des lieux privilégiés où les experts anglo-saxons de l'influence appliquèrent les méthodes offensives du *Social Learning*. Pour couronner l'implosion soviétique d'une réussite politique et assurer l'avenir, il convenait d'enseigner la démocratie aux Européens de l'Est et de les conduire vers une société ouverte et pluraliste, orientée vers le marché.

Des actions discrètes conduites dans le cadre de l'OTAN

Plusieurs fermes belges furent transformées, à cet effet, en homes campagnards chaleureux. Régulièrement y furent reçus, au coin du feu, un verre à la main, des universitaires, des diplomates, des attachés d'ambassade et des experts politiques, économiques et militaires des pays de l'Est souhaitant rejoindre l'OTAN et la Communauté européenne. Le terrain

1. Philippe d'Hugue, *L'Envahisseur américain : Hollywood contre Billancourt,* Favre, Lausanne, 1999.

neutre et l'atmosphère chaleureuse permirent d'établir des contacts et des relations de confiance avec ces hommes. Des réseaux se tissèrent, des informations précieuses s'échangèrent au niveau des décideurs ou de leurs conseillers les plus proches. Ces échanges forgèrent les opinions de ceux qui allaient diriger ou influencer les nouveaux gouvernements des pays d'Europe de l'Est.

Des opérations eurent ensuite lieu sur le terrain, dans les universités d'Europe de l'Est, à l'occasion de séminaires de formation. Dans ces institutions libérées du joug soviétique, de nombreux professeurs et lecteurs anglo-saxons furent déployés par Washington et Londres. Ils animèrent des séminaires et des cours sur le thème du développement et de la démocratisation : Qu'est-ce que le management ? Qu'est-ce que l'informatique de gestion ? Qu'est-ce qu'une banque indépendante ? Qu'est-ce qu'une institution de défense démocratique ? etc. Ces opérations furent soutenues par de nombreux réseaux d'influence : universités américaines et britanniques, centres de recherche en apparence indépendants, *Think Tanks*, sans oublier les banques et les entreprises américaines et britanniques qui contribuèrent à financer cette démarche.

Parallèlement, il fallut aussi réorienter des sociétés civiles et des économies dont la croissance était tirée par les industries de défense. Dans cette perspective, les Anglo-Saxons lancèrent des missions tous azimuts dans les pays anciennement communistes. En décembre 1996, mille cinq cents officiers quittant l'armée russe furent diplômés du cours de reconversion à la vie civile mis en place par les Britanniques dans le cadre d'une aide du Royaume-Uni à la réduction des forces armées russes. Dans le même but, en juin 1997, l'Air Force Special Operations School ouvrit ses portes pour accueillir une trentaine de responsables politiques et militaires d'Europe de l'Est afin de leur prodiguer les « principes de base de la démocratie ». Il s'agissait de la deuxième session de ce type organisée par les spécialistes américains des affaires civiles, sous l'égide du Civil Military Strategy for International Development (CMSID). Ils apprirent aux stagiaires la manière de prendre en compte et de gérer des problèmes relatifs aux questions économiques, d'environnement ou aux catastrophes naturelles. Pour le directeur de ce stage, il fallait avant tout « présenter et démontrer le bien-fondé des conceptions américaines sur des sujets tels que la démocratie, la libre entreprise et les droits de l'homme ». Et d'ajouter : « Nous espérons que les étudiants mettront à profit ce qu'ils ont appris lorsqu'ils seront de retour chez eux et qu'ils intégreront ces principes dans les relations qu'ils auront avec les autres ». La session comprenait 32 étudiants de 12 nationalités différentes, parmi lesquels deux officiels de haut niveau appartenant au ministère de la Défense russe, un ambassadeur hongrois et un membre du Parlement ukrainien. Étaient également présents des ressortissants originaires de Bulgarie, du Kirghizistan, de République tchèque et de Roumanie. L'US Air Force Special Operations School (USAFSOS) organise régulièrement ce type de stage et a mis en place des programmes similaires réservés aux ressortissants du Moyen-Orient ou des pays de l'Asie-Pacifique.

De telles démarches n'existent en effet pas qu'en Europe. En Asie du Sud-Est, une initiative américano-allemande amena le professeur Levich, de l'université de New York, à enseigner, dans leur version anglo-saxonne – et sur un financement allemand – les fondements des marchés des changes à des officiels gouvernementaux vietnamiens, à Hanoi et Saigon. Le sens de cette intervention américano-allemande était d'instaurer une grille de lecture et un besoin de support technique dirigeant les officiels vietnamiens vers l'aide américano-allemande. L'opération fut couronnée de succès puisque le consortium américano-allemand fut ensuite consulté pour la rédaction des nouvelles dispositions légales en matière de marché des changes au Vietnam.

L'utilisation offensive du Partenariat pour la paix

Le Partenariat pour la paix (Partnership for Peace, PfP), lancé par l'OTAN comme nouveau cadre des relations avec les ex-pays de l'Est, a été présenté comme un tremplin pour les pays d'Europe centrale et orientale qui souhaitaient adhérer à l'organisation. Mais, sous couvert d'un enseignement de la démocratie, on en est arrivé, pour certains pays et dans des domaines étonnamment variés, à des audits dont les retombées économiques ont été profitables pour ceux des membres de l'OTAN qui ont su utiliser les potentialités du PfP.

En conséquence, l'élargissement de l'OTAN est devenu une opération politico-commerciale au service de l'industrie de défense américaine. Il y a en effet une véritable mainmise sur le dossier de l'élargissement au sein de l'OTAN, au bénéfice exclusif de Washington. En Europe de l'Est, l'OTAN est une redoutable machine à vendre des armements américains au nom de l'interopérabilité des matériels. L'élargissement se compose d'offres de formation des personnels, de reconversion des milieux militaro-industriels, d'aides financières, de coopération tous azimuts, de dons ou ventes d'armes obsolètes à prix réduit, avec, en contrepartie, l'obligation de standardiser rapidement les équipements et de racheter, à terme, des matériels neufs aux États-Unis. Dans la perspective d'une production dans les pays candidats au PfP, les Américains posent comme condition l'acquisition d'importantes participations financières dans les entreprises et pénètrent ainsi l'économie locale. Les candidats à l'entrée dans l'Alliance se voient poser cette condition. L'intérêt économique est relatif, car ces pays ne sont pas riches, mais ils entrent alors dans la sphère d'influence politique américaine. Le tout s'accompagne de la diffusion de l'anglais, du droit et du management anglo-saxons, donnant lieu à une véritable opération de *Social Learning* qui inclut les modes de vie.

Ces opérations révèlent une culture anglo-saxonne offensive dont l'efficacité est prouvée par les demandes des pays concernés pour rejoindre la communauté européenne et l'OTAN. En convergence avec ces pratiques, il est intéressant de constater l'instrumentalisation du programme PHARE, afin de favoriser l'apprentissage de l'anglais et de l'informatique par des cadres d'Europe de l'Est, en parallèle, par exemple, avec l'implantation d'usines de F-16 en Pologne. L'Europe doit savoir qu'en confiant l'essentiel de sa sécurité à l'OTAN, elle laisse Washington étendre ses contacts à l'Europe centrale et orientale, ce qui constitue autant de plates-formes d'influence, avec des retombées économiques, notamment au niveau des ventes d'armes.

Les effets du *Social Learning*

La mise en œuvre du *Social Learning* se situe en permanence aux limites de l'éthique. Les moyens financiers considérables et les techniques puissantes engagées pour séduire et persuader les cibles et gagner leur confiance ont réduit à l'épaisseur d'une ligne l'écart entre persuasion et manipulation. En complément du conditionnement des marchés, le *Social Learning* est aussi une technique dissimulée de conquête de l'information. C'est alors une démarche de prise de contrôle des sources d'information et de la matière grise internationale sous couvert de développement ou d'assistance. Le *Social Learning* prend ainsi la forme d'une mobilisation « politiquement correcte » et neutre de la communauté scientifique internationale et des milieux de recherche universitaires pour le progrès économique et social mondial. En réalité, il instrumentalise les pôles de connaissance les plus performants, les institutions internationales, les entreprises et les ONG sur des intérêts particuliers, afin de conquérir les sources d'information et les centres de décision situés aux points névralgiques d'un pays visé.

Par exemple, à l'issue de la Guerre froide, sous prétexte d'enseigner la démocratie aux anciens pays communistes et de leur permettre de placer leur vie scientifique au niveau international, des chercheurs américains visitèrent l'ensemble des Académies des sciences de l'ancien bloc de l'Est afin de voir de quelle façon ils pouvaient les aider. Derrière cette noble démarche se profilait un programme de renseignement en profondeur sur l'état de la recherche en Europe de l'Est, en vue d'identifier les compétences susceptibles d'intéresser les États-Unis. En faisant miroiter des possibilités de publications, d'invitations et de participations à des programmes, les Américains orientèrent ces communautés dans leur direction au détriment de l'Europe de l'Ouest. Il s'agissait d'une manœuvre pour dominer la recherche scientifique mondiale, en maillant les universités locales dans un réseau complexe de cycles de conférences, de bourses de recherche, de séminaires, etc[1]. Cette stratégie n'apparut jamais comme le fruit d'une préméditation. Ce n'étaient que les mécanismes d'un libre-échange où le meilleur s'imposait naturellement. Mais les Américains ne sont pas les seuls à utiliser ces techniques de *Social Learning* pour accroître leur connaissance de la concurrence. Les Japonais, à travers les programmes *Frontière humaine* et *Vulcanus*, montrent qu'ils sont aussi experts en la matière[2].

---

1. *TTU Europe*, n° 190, 16 juin 1997, p. 2.

2. Lancé à Strasbourg le 20 novembre 1989, le programme *Frontière humaine* avait pour objectif de développer des équipes internationales capables de faire avancer la recherche internationale dans des domaines comme le fonctionnement du cerveau, de la mémoire, la connaissance du génome ou les pathologies humaines. Le programme *Vulcanus*, lancé en 1996 à l'initiative de la Commission européenne et du gouvernement japonais (MITI) « permet » aux entreprises européennes de renforcer leurs équipes de travail en accueillant pendant huit mois un chercheur japonais.

5

L'Afrique, laboratoire de l'influence américaine

Les objectifs américains n'oublient pas les régions qui ont encore un long chemin à parcourir vers le développement et où les retours sur investissement seront longs. L'Afrique, délaissée ou mal aimée par beaucoup, est un champ d'action de choix.

C'est une cible récente pour Washington et elle n'a pas fait l'objet d'annonce aussi claire que les *Big Emerging Markets*. Cette discrétion s'explique, d'une part, par le caractère autant géopolitique qu'économique de cet objectif, d'autre part, en raison de l'influence locale d'anciennes puissances coloniales, de gouvernements qui leur sont encore attachés et de coutumes – notamment juridiques – qui perdurent. Trop d'annonce aurait nui à une influence qui entend peu à peu éliminer les traces du passé. En Afrique, les États-Unis cherchent en effet tout simplement à mettre en place de nouveaux piliers conceptuels de gouvernance avec l'aide des organismes multilatéraux.

En 2000 et 2001, le commerce des États-Unis avec l'Afrique subsaharienne s'élevait à environ

28 milliards de dollars. En 2002, ce chiffre tombe à 24,1 milliards de dollars, les exportations tant américaines qu'africaines étant touchées. Malgré ces chiffres peu encourageants, l'intérêt et les efforts des États-Unis en Afrique ne se démentent pas. Dans ces conditions, l'on peut penser qu'il s'agit d'une stratégie d'influence à long terme.

Les actions américaines sur le continent noir sont relativement récentes et méritent que l'on s'attache à leur description car l'on peut mieux qu'ailleurs y observer leur démarche initiale, leur mise en œuvre et leurs premiers résultats. D'autant que l'on constate, concomitamment à l'intérêt américain, une place croissante accordée par les Nations unies à l'Afrique, qui leur a donné leur actuel secrétaire général, le Ghanéen Kofi Annan, et dont le développement devient un objectif multilatéral commun majeur. La Banque mondiale partage aujourd'hui cet objectif, sous la houlette de son président, James Wolfensohn, qui ne cache pas sa passion pour ce continent sur lequel il multiplie les initiatives.

LE NOUVEL INTÉRÊT DES ÉTATS-UNIS POUR L'AFRIQUE

L'intérêt des États-Unis pour l'Afrique a des racines propres à ce pays. Depuis la déclaration du président Wilson en 1918, les États-Unis poursuivent le même projet de démembrer les empires coloniaux. Au-delà des principes politiques et moraux affichés, l'objectif américain consistait déjà à récupérer ces marchés. Mais la France et le Royaume-Uni y régnèrent en maîtres jusqu'aux indépendances des années 1960 et y étaient encore très présents à la fin des années 1980.

La détermination américaine peut aujourd'hui s'exprimer plus librement. Jusqu'à la fin des années 1990, l'Afrique de l'Ouest et du Centre restait ancrée, malgré des vicissitudes, à la France. Ses marchés signifiaient autant de débouchés agricoles et d'attributions de contrats accordés aux intérêts français. Les procédures d'appels d'offres n'existaient pas ou étaient purement formelles. Les groupes français y étaient puissants et solidement installés, anonymes ou connus, comme Bolloré, qui contrôle une grande partie du transport maritime et des activités portuaires du continent noir, et les groupes de construction Bouygues et Vinci.

Cette situation n'était plus acceptable pour les États-Unis, qui n'oubliaient ni les richesses naturelles de l'Afrique, ni sa situation géostratégique au regard de leurs plans au Moyen-Orient et vis-à-vis de l'Europe, ni son poids politique en termes de voix à l'ONU, ni enfin ses presque 600 millions de consommateurs potentiels. Avec la fin de la Guerre froide, où les blocs alliés étaient clairement définis et l'Afrique en partie considérée comme « réservée » à la France, le jeu devient plus ouvert. Les États-Unis n'ont plus de raisons de ménager la France, ni d'accepter le principe de marchés captifs ou de zones d'influence réservées.

Le panorama économique de l'Afrique a évolué. C'est aussi un continent où Washington espère, à terme, faire des affaires et gagner de l'argent. Par l'importance de ses besoins, l'Afrique intéresse les fournisseurs d'infrastructures américains. Enfin, les hydrocarbures qu'elle recèle provoquent un regain d'intérêt du secteur pétrolier américain car ils sont susceptibles de diversifier les sources d'approvisionnement des États-Unis. Le pétrole extrait du golfe de Guinée devrait couvrir, dans les dix prochaines années de 15 % à 25 % de la consommation américaine et remplacer en partie les approvisionnements du golfe Persique.

Dans l'explication du renouveau d'intérêt américain pour l'Afrique, l'on doit aussi mentionner la politique intérieure. Le sujet est très sensible pour beaucoup d'Américains noirs. La pression des mouvements afro-américains ainsi que des congrégations religieuses, très présentes sur le continent noir, est forte. À partir de 1994, nombre d'Américains et d'Afro-Américains se sont rendus dans une Afrique du Sud qui venait de changer de régime. Il faut également signaler le rôle significatif de Ron Brown, secrétaire d'État au Commerce en 1993[1], Afro-Américain dont l'action personnelle a été pour beaucoup dans le nouvel intérêt américain pour l'Afrique.

En 1997, le « Rapport économique du Président » transmis au Congrès en février 1997 déclarait : « La croissance économique de l'Afrique est dans l'intérêt national des États-Unis. » La poursuite de cette poli-

1. Décédé en vol au-dessus de la Bosnie en avril 1996 avec dix-huit chefs d'entreprise américains.

tique par l'administration Bush est remarquable de continuité.

En dernier lieu, la lutte contre le terrorisme a redonné de l'intérêt à ce continent dont les vastes étendues faiblement contrôlées peuvent servir de bases arrière ou de refuge à des activistes. Avec la fin de la Guerre froide, le besoin de grandes bases est dépassé. En revanche, il peut être utile de compter des pays amis qui acceptent d'accueillir des bases nomades et temporaires pour des forces spéciales. L'initiative PanSahel se situe dans ce cadre. C'est un programme de formation militaire au profit de quatre pays du Sahel – Mali, Niger, Tchad et Mauritanie – et du Maghreb – l'Algérie et le Maroc.

Le cas particulier du Maghreb

L'intérêt américain pour le Maghreb, notamment l'Algérie et le Maroc, a pris son essor en 1997 et se confirme aujourd'hui. La lutte antiterroriste s'ajoute aux considérations géoéconomiques. D'une part parce que de nombreux groupes djihadistes ou combattants liés à Al-Qaeda proviennent de ces pays musulmans et tentent d'y agir ; d'autre part parce que les Américains s'appuient significativement sur les services de sécurité locaux dans leur lutte contre l'organisation de Ben Laden. Le Maroc est depuis longtemps leur partenaire stratégique dans la zone, mais l'évolution de l'Algérie, notamment avec la réélection d'Abdelaziz Bouteflika le 8 avril 2004, tend à assouplir leurs relations avec ce pays. Les services secrets algériens auraient transmis aux Américains une liste de plusieurs centaines d'activistes algériens soupçonnés d'appartenir à Al-Qaeda. Les États-Unis de leur côté ont accru leur aide à l'Algérie et à plusieurs pays du Sahel en matière d'équipements et de formation militaires. Ils auraient aussi installé en 2003 un centre d'écoutes près de Tamanrasset.

L'intérêt porté par Washington à l'Algérie n'est pas nouveau. Il a commencé avec le projet de réalisation d'une autoroute géante reliant l'est à l'ouest du pays avec des prolongements possibles vers Casablanca et Tunis. Dès fin février 1997, des discussions ont eu lieu entre un groupe de financiers américains et une délégation interministérielle algérienne. Ce projet est toujours en discussion en 2004 mais il pourrait faire la part très belle aux entreprises américaines. Dans le domaine pétrolier, l'on note la présence de nombreuses compagnies américaines ainsi que d'ingénieries pétrolières comme Kellogg, Brown & Root. Enfin, un accord dit « TIFA », accord cadre sur le commerce et les investissements, a été signé en 2002 entre les deux pays. Cet accord permet l'entrée hors taxes, aux États-Unis, de près de 85 % des exportations algériennes. Il prévoit également l'assistance technique américaine aux négociations menées par l'Algérie pour adhérer à l'OMC.

Le Maroc reste cependant le grand partenaire régional. Rabat ne voit pas d'un bon œil la nouvelle amitié américano-algérienne. C'est dans ce pays qu'a eu lieu en juin 2002 la troisième conférence ministérielle Afrique-États-Unis sur l'énergie pour débattre de la sécurité énergétique sur le continent, des partenariats et de l'intégration régionale dans ce domaine.

Trente-cinq ministres africains y participaient. Le Maroc bénéficie d'un fort soutien financier depuis 1996. Un accord de libre-échange entre les deux pays a été signé début 2004.

La Banque mondiale s'intéresse également de près au développement de la zone nord-africaine. Outre ses propres programmes, un programme commun avec la Commission européenne avait été créé en 1997, sous le nom de Private Participation in Mediterranean Infrastructure (PPMI). Ce projet, qui entendait promouvoir l'initiative privée dans les infrastructures, a été arrêté en juin 2004.

L'élargissement de l'Union européenne et l'inquiétude réelle qu'il provoque dans les pays du Maghreb quant au devenir de l'intérêt – et des financements – européens dans la zone jouent de toute évidence dans l'attraction nouvelle que pourraient ressentir ces pays envers les États-Unis.

LA STRATÉGIE DE PÉNÉTRATION AMÉRICAINE EN AFRIQUE SUBSAHARIENNE

Un processus « exemplaire »

Le déroulement de la pénétration américaine réunit presque tous les ingrédients des stratégies multiformes habituellement mises en œuvre par les Américains : des objectifs clairs, une application géographique habilement programmée, des actions sur divers plans économique, commercial, culturel et politique, des interventions d'acteurs différents en connivence informelle.

Bien qu'il n'ait pas été formulé aussi ouvertement, l'objectif général des États-Unis est de devenir la puissance de référence en Afrique. Outre les intérêts géostratégiques et de politique intérieure définis plus haut, les Américains entendent ainsi se positionner pour participer à l'exploitation des richesses et en même temps affaiblir les Européens. La concurrence européenne est donc visée en premier lieu, même si sur certains pays des alliances sont nouées quand il est plus intelligent de ne pas agir seul. Cela a été le cas du programme France-USA 2000, lancé début 1997, qui proposait une coopération conjointe entre Américains et Français pour l'Afrique francophone, mais n'a pas eu le succès espéré.

Le continent noir est peut-être en dégénérescence, sa démographie subit le choc frontal du sida et son économie ne décolle pas. Il n'empêche qu'il est le vis-à-vis de l'Europe et, jusqu'à présent, un peu son « arrière-cour », dans laquelle États et entreprises d'Europe avaient la vie relativement facile tant en termes diplomatiques qu'économiques. La France par exemple y avait installé – avec l'accord et à la demande des dirigeants des pays africains – des règles spécifiques bien résumées par le terme de « Françafrique ». L'on voit aujourd'hui de manière assez précise la politique des petits pas américains débutée dans les pays anglophones du Sud avancer inexorablement vers le centre et l'ouest francophones.

Mais la France n'est pas seule concernée. L'Europe entière a développé des politiques vis-à-vis de l'Afrique. Un commissaire et une direction générale s'y consacrent à Bruxelles et son aide globale atteint en volume les deux tiers de l'aide au développement américaine. En pourcentage du PNB total des États européens, elle représente 0,35 % en 2003 alors que les États-Unis n'atteignent pas les 0,2 %. Une manière intelligente (au double sens français et anglo-saxon du terme) d'affaiblir l'action européenne est alors de l'infléchir de l'intérieur, par une influence menée à Bruxelles, via des cabinets de lobbying ou des diplomates américains… et britanniques. Ces derniers reçoivent parfois le soutien des Scandinaves, en particulier pour tout ce qui touche à la gouvernance et à l'éthique. Les Américains jouent, ou font jouer, le jeu éculé mais toujours gagnant de l'isolement de la France par son passé colonial, son incapacité arrogante à traiter les problèmes africains et ses liens parfois troubles avec les dirigeants du continent. Il faut dire que pendant des années la France s'est complaisamment plue à illustrer ces attaques, sans conscience de sa profonde perte d'image.

C'est ainsi que concrètement des critères d'aide européenne sont mis en place, quasiment recopiés des critères de conditionnalité de la Banque mondiale, eux-mêmes calqués sur ceux promus par les Américains. Cela est à terme un vecteur, comme ailleurs, pour la mise en place d'un droit et d'une culture anglo-saxons. Pourquoi pas ? Le seul problème est que ce processus se fait en toute inconscience de la plupart des acteurs européens concernés et sans proposition d'autre choix.

Enfin, comme ailleurs, la politique d'expansion américaine peut compter sur le relais des organismes internationaux de développement ainsi que sur celui des organismes d'affaires privés et des ONG, et, particulièrement sur ce continent, sur les missions religieuses.

De l'initiative de Ron Brown aux AGOA

L'initiative du développement de la coopération avec l'Afrique a été lancée en 1993 par Ron Brown, qui a prié le département du Commerce de proposer des actions destinées à élargir et à approfondir les liens entre Africains et Américains. Compte tenu de la position stratégique et de la taille de l'Afrique du Sud, c'est d'abord ce pays qui a été ciblé. Puis Ron Brown s'est lui-même déplacé en 1995 dans cinq pays africains : Côte d'Ivoire, Ghana, Kenya, Ouganda et Botswana. En cette occasion, un accord général a été signé entre le département du Commerce américain et la communauté des États d'Afrique australe (Southern Africa Development Community, SADC). À la suite de la mission de Ron Brown, un groupe de travail Afrique a été créé au sein du TPCC, chargé de la coordination de la politique américaine envers le continent. Un Partenariat pour la croissance économique en Afrique (*Partnership for Economic Growth and Opportunity in Africa*) était également lancé, qui entendait associer tous les acteurs intéressés : État, entreprises, ONG.

C'est à partir de 1996 que l'action prend son ampleur. En février, la Maison-Blanche transmet au Congrès son premier rapport annuel sur « Une nouvelle politique en matière commerciale et de développement des États-Unis vis-à-vis de l'Afrique ». La même année, des missions techniques et commerciales sont organisées par la TDA, l'Agence pour le commerce et le développement, sur un thème particulièrement bien choisi : les transports. Ce thème présente l'avantage d'être technique et de répondre à de vrais besoins, il est donc sans contestation possible et n'effraie pas. Mais il est en même temps du plus haut intérêt : commercial à terme, mais aussi juridique car, par définition, transrégional, il induit la recherche de règles communes, et bien sûr politique, puisque les communications sont le fer de lance du développement.

En 1997, le Partenariat pour l'Afrique lancé en 1995 se structure. L'*Africa Growth and Opportunity Act* (AGOA) est présenté au Congrès en avril. Son idée de base est d'appliquer à l'Afrique les recettes qui ont réussi en Asie et en Amérique du Sud et qui ont permis à ces régions de s'intégrer dans l'économie mondiale : encourager l'ouverture des marchés intérieurs aux investissements étrangers ; faciliter leur libre accès aux marchés domestiques des pays riches (notamment en étendant le champ d'application des produits pouvant entrer aux États-Unis sans droits de douane) ; faciliter les investissements – notamment pour l'équipement – par le biais de l'OPIC, l'organisme public de soutien aux investissements.

En outre, il est prévu de créer à terme une zone de libre-échange entre les États-Unis et certains pays d'Afrique subsaharienne.

Parallèlement, comme à l'accoutumée, les États-Unis entendent démultiplier leur action par le biais des organismes internationaux (Banque mondiale et FMI, auxquels s'ajoute en Afrique la Banque africaine de développement, BAfD, dont le management, depuis son départ d'Abidjan pour Tunis, a été repris en main sous la houlette de la Banque mondiale) : il s'agit d'orienter leurs prêts à l'Afrique vers les mêmes pays et dans le même sens que ceux de la politique bilatérale américaine. Il s'agit aussi plus fondamentalement d'en faire des alliés pour formater la culture du continent noir. L'AGOA prévoit également la possibilité d'alliances avec des entreprises étrangères présentes sur le continent (par exemple avec les Français au Tchad dans le secteur pétrolier). Outre ces priorités, l'AGOA mentionne la lutte contre la corruption et l'allègement de la dette (par les organismes multilatéraux plutôt que par l'aide bilatérale).

En mai 1997, le sous-secrétaire américain au Trésor, Lawrence Summers, se rend dans trois pays africains – Côte d'Ivoire (à nouveau !), Afrique du Sud et Mozambique – dans le cadre des réunions annuelles de la Banque africaine de développement (BAfD). Il y déclare que les États-Unis veulent réorienter leur politique pour créer des liens de commerce et d'investissement forts avec l'Afrique subsaharienne.

Le groupe de travail du TPCC organise en 1998 un tour de table pour le financement de projets en Afrique avec des banquiers, des organisations internationales, des investisseurs privés. La même année, le président Clinton effectue à son tour une tournée en Afrique et, en 1999, les États-Unis organisent chez eux une rencontre au niveau ministériel. En mars 2000 l'*African Growth and Opportunity Act* est renouvelé (AGOA II). En janvier 2003, trente-huit pays de l'Afrique subsaharienne en furent bénéficiaires. L'AGOA II a lui-même été renouvelé en juillet 2004 sous le nom d'AGOA III.

Les pays cibles

L'Afrique du Sud, incontournable leader de l'Afrique australe, reste pour les États-Unis le premier pays d'intérêt en Afrique, malgré quelques « froids » dus aux « initiatives déplaisantes » prises par le président Mandela, comme sa visite à Mouammar Khadafi, chef d'État de la Libye. Un accord de libre-échange est en cours d'élaboration. Les États-Unis se sont ensuite intéressés à des États anglophones comme l'Ouganda, promu comme modèle pendant un temps tant par les Américains que par la Banque mondiale et le FMI, puis le Ghana. L'Angola, lui, est choyé par l'administration comme par les investisseurs privés américains.

L'administration américaine exerce depuis deux à trois ans un effort particulier sur l'Afrique de l'Ouest francophone avec, pour point focal, le Sénégal. C'est à Dakar que s'est installé en 2002 le bureau de l'inspection régionale de l'USAID. Pour ce pays, le programme de l'USAID n'cst cependant que d'environ 25 millions de dollars par an. Dakar a obtenu l'autorisation d'exporter vers les États-Unis mille neuf cents produits en franchise de taxes et de contingentements dans le cadre de l'AGOA, auquel il a été le quatorzième pays africain éligible. Parmi les autres pays « bien vus » d'Afrique de l'Ouest, citons le Mali, qui pour 2003 s'est vu attribuer 342 millions de dollars dans le cadre du programme de coopération avec les États-Unis.

Quant à la Côte d'Ivoire, elle faisait dès 1995 l'objet de l'intérêt américain. Une mission de Ron Brown avait été suivie de l'organisation de plusieurs forums aux États-Unis et dans ce pays. Des intérêts croisés avaient été mentionnés pour des projets dans le secteur de l'énergie. L'action de l'administration américaine comme des organisations internationales y est aujourd'hui suspendue du fait des graves troubles observés. Cependant, l'influence américaine paraît y augmenter dans le même temps où la française décroît. Elle s'accompagne d'une certaine prise de risque privée, puisque, début 2004, des banques américaines et britanniques s'installent dans ce pays tandis que nombre d'entreprises françaises en partent en raison des désordres croissants.

MODALITÉS DE LA PÉNÉTRATION AMÉRICAINE EN AFRIQUE

Les financements et accords bilatéraux

Dès juin 1997, l'OPIC accordait à l'Afrique un montant de prêts et garanties de 540 millions de dollars. Ceux-ci concernaient l'exploitation des ressources naturelles, mines, pétrole et gaz, mais aussi les services. La Côte d'Ivoire en a été l'un des principaux bénéficiaires. Sous la pression des parlementaires américains, l'OPIC garantissait en 1998 deux nouveaux fonds d'investissements, l'un de 150 millions de dollars pour des projets commerciaux ou de développement des ressources naturelles, l'autre de 500 millions de dollars pour des projets d'infrastructures et des services financiers. Ces projets concernaient le Ghana, l'Ouganda, le Mali et le Mozambique.

C'est avec l'AGOA II que l'action prend toute sa dimension. En février et mai 2002, Robert Zoellick, l'US Trade Representative et Paul O'Neill, alors secrétaire aux Finances, ont effectué des tournées en Afrique. M. O'Neill en est revenu avec la certitude qu'« on ne peut parachuter des solutions toutes faites à ce continent et que c'est au leadership local qu'il revient d'appliquer les solutions sur le terrain[1] ». Plus concrètement, les trois priorités américaines ont été définies : l'eau, l'éducation primaire et la lutte contre le sida. Selon M. O'Neill, l'aide doit devenir conditionnelle, les subventions agricoles américaines, dont se plaignent les Africains comme une concurrence déloyale vis-à-vis de leurs propres produits, ne sont pas un problème pour lui et la libéralisation douanière de l'Afrique doit continuer. La croissance viendra du secteur privé qu'il s'agit donc d'encourager par la mise en place d'un environnement favorable.

L'aide est toujours fondée sur l'axiome *Trade not Aid*, qui privilégie le commerce par rapport à l'aide, et de plus en plus conditionnée par des critères de bonne gouvernance. La Millenium Challenge Corporation,

1. « Paul O'Neill en Afrique : les principaux enseignements d'une tournée », *Marchés tropicaux*, 14 juin 2002, p. 1264.

qui accorde des aides supplémentaires conditionnelles aux pays dont l'évaluation est positive, est dotée de 5 milliards de dollars pour 2003-2004. Sur seize pays sélectionnés par l'aide au développement américaine en mai 2004, huit sont africains : le Bénin, le Cap-Vert, le Ghana, le Lesotho, Madagascar, le Mali, le Mozambique et le Sénégal. Inversement, des pays peuvent être exclus des avantages américains. L'Ouganda a été éliminé à cause de son parti unique. La République centrafricaine et l'Érythrée ont été retirées le 30 décembre 2003 de la liste des pays bénéficiaires pour mauvaise conduite, tandis que l'Angola y entrait.

Le système généralisé de préférences (GSP) a été étendu par l'AGOA II à tous les pays d'Afrique subsaharienne. Aujourd'hui, les États-Unis donnent un accès libre de droits de douane à près de six mille produits en provenance de trente-huit pays africains. Un accord cadre a été conclu en 2002 entre les États-Unis et l'Union économique et monétaire ouest-africaine (UEMOA), pour le développement des relations de commerce et d'investissement.

Les volumes de l'aide américaine au développement vers l'Afrique ne sont cependant pas exceptionnels : les financements de l'EximBank en Afrique ne représentent actuellement que 3 % du montant global de ses interventions. Quant à l'aide directe au développement accordée à l'Afrique subsaharienne, elle compte pour 10 % du total de l'aide américaine, soit un peu plus de 1 milliard de dollars[1].

---

1. À titre de comparaison, la Russie à elle seule reçoit 1,54 milliard et Israël près de 1 milliard.

Le relais des organisations multilatérales

Concernant l'Afrique, le discours et les priorités affichés par la Banque mondiale sont sensiblement les mêmes que les thèmes prioritaires américains : améliorer la gouvernance, favoriser l'investissement privé, lutter contre la corruption, préserver l'environnement. Depuis peu, l'accent est mis sur la santé publique, notamment la lutte contre le sida. La Banque mondiale reprend également le thème de la conditionnalité des aides. Elle a lancé dans ce sens des « observatoires de la compétitivité », afin de mesurer la compétitivité des États et d'en faire à terme une condition des aides. Le premier a été créé en Afrique de l'Est ; le deuxième a été mis en place pour l'Afrique centrale et orientale en octobre 2002. Un troisième est en cours de création pour l'Afrique de l'Ouest.

La Banque mondiale et la Banque africaine de développement financent peu de projets actuellement en Afrique. En revanche, les deux se concentrent sur la gouvernance et la mise en place d'institutions, de préférence à compétence régionale, comme les systèmes douaniers ou les outils juridiques. Les actions de *capacity building* y sont nombreuses et délivrent en général des formations d'essence américaine, bien que certains cabinets français réussissent à remporter quelques appels d'offres.

Les États-Unis ont repris en 1999 leurs contributions à la Banque africaine de développement. Ces contributions avaient été suspendues depuis 1993 pour cause de mauvaise gestion. Mais un centre de formation, le Joint Africa Institute, a été créé pour ses fonctionnaires sous l'égide de la Banque mondiale, cofinancé par celle-ci, la BAfD elle-même et le FMI.

Un autre relais : les organismes privés et les ONG

Le Partenariat pour l'Afrique lancé par le président Clinton en 1997 a donné le ton. Il s'agit d'établir avec les Africains des relations différentes de celles instaurées par les ex-colonisateurs[1]. Un certain nombre de structures, publiques, privées ou mixtes, s'emploient ainsi à développer échanges et dialogue entre élites africaines et hommes d'affaires américains.

C'est le cas du Corporate Council on Africa, créé en 1992 par Ron Brown. Composé d'entreprises, il compte parmi ses membres des poids lourds comme Exxon Mobil, mais également des PME. Ses membres représentent 80 % de l'investissement privé en Afrique. L'US Information Agency (USIA) lui a par exemple remis en juin 1997 252 000 dollars pour faire venir cinquante cadres de dix-huit pays africains en stage dans des entreprises américaines. Ce type d'action de long terme s'est poursuivi depuis.

Les forums AGOA contribuent également à l'influence américaine sur le continent noir. L'AGOA de 1997, outre son volet financier, prévoit en effet la tenue d'un forum économique régulier américano-afri-

1. *Cf.* le cabinet de lobbying Cohen & Goods, très présent en Afrique et auprès de la Banque mondiale, écrivant : « [l'attitude de la France relève] d'une nostalgie de grandeur, d'implication avec des régimes corrompus, donc les relations avec les Africains ne sont pas celles de partenaire mais de supérieur. »

cain, calqué sur le modèle du forum Asie-Pacifique, avec la participation d'ONG.

À ces organismes soutenus par l'État américain, il faut ajouter l'action des nombreux cabinets de lobbying américains qui, à titre privé, par leurs contacts locaux ou multilatéraux, contribuent à propager l'influence américaine. Il faut également souligner le rôle des ONG et des congrégations religieuses, notamment dans les pays en reconstruction comme le Rwanda, le Burundi et la République démocratique du Congo. Les uns comme les autres peuvent véhiculer des thèmes proches de ceux défendus par les Américains et recueillir des avis locaux utiles. Le cas du cabinet Cohen & Goods[1] est intéressant : Herman Cohen, son codirigeant, est officiellement inscrit comme lobbyiste du gouvernement angolais et dirige parallèlement une ONG intitulée Global Coalition on Africa, qui travaille occasionnellement pour la Banque mondiale.

L'environnement des affaires n'est pas oublié. Outre les actions sur l'OHADA déjà mentionnées[2], l'USAID vient de financer avec la Banque africaine pour le développement la création de l'African Law Institute. L'International Bar Association, fédération internationale des avocats dominée par les professionnels américains, y est associée.

Les actions humanitaires participent à l'effort général. L'on trouve en Afrique de grandes ONG

1. Ses deux dirigeants sont Herman Cohen, ancien secrétaire d'État adjoint aux Affaires africaines, et Jim Woods, ancien secrétaire d'État adjoint à la Défense.

2. Voir chapitre 4, p. 133.

laïques qui y exercent comme partout. Mais l'importance des missions religieuses protestantes pentecôtistes est également frappante et croissante tant en Afrique du Nord que subsaharienne. Elles participent à l'effort de rechristianisation du continent. Les ONG concernées travaillent sur fonds propres ou sur financements de l'USAID. Des écoles et instituts de formation sont ainsi créés. Les missions remplissent un rôle social laissé vacant par la pauvreté ou l'impéritie des gouvernements et des organismes internationaux. Elles ciblent les pays en paix les plus démunis et s'intéressent aussi aux États en reconstruction, par exemple dans la région des Grands Lacs où la question de la réinsertion des enfants soldats est cruciale. Comme partout, ces ONG américaines mènent des actions autonomes professionnelles mais leur nationalité et – faut-il le répéter – le patriotisme inné de leurs membres contribuent au développement de l'influence de leur pays.

La coopération concerne également le maintien de la paix et la lutte contre le terrorisme. L'administration Bush a créé en 2002 un programme intitulé Africa Contingency Operations Training Assistance (ACOTA), qui remplace et poursuit un programme d'entraînement d'unités africaines au maintien de la paix, créé en 1996. Le changement apporté en 2002 consiste en une formation aux opérations offensives et plus seulement défensive[1]. En

1. Sébastien de Dianous, « Les États-Unis et l'Afrique, quels dispositifs de coopération ? », *Le MOCI*, 11 juillet 2003, p. 1451.

outre, il existe depuis 1999 un Africa Center for Strategic Studies à l'Université de défense nationale du Pentagone, sorte d'école de guerre pour officiers africains.

Un effort particulier est enfin porté sur l'influence auprès des élites et futures élites africaines. Celle-ci prend diverses formes, invitations aux États-Unis, bourses, programmes spécifiques de formation. Il est à noter que les bourses sont de plus en plus accordées dans des universités américaines décentralisées en Europe. Plus largement, des programmes de télévision spécialement adaptés ont également été mis en place (Black Entertainment Television).

Le soutien aux initiatives régionales, le cas du NEPAD

Le Nouveau Partenariat pour le développement de l'Afrique, plus connu sous son sigle anglais NEPAD (New Partnership for Africa's Development), a été présenté lors du sommet du G8 de Gênes, en juillet 2001. Il est le résultat de la fusion de deux plans : le « Programme de renaissance de l'Afrique pour le millénaire » du président M'Beki, d'Afrique du Sud, et le « plan Omega » du président Wade, du Sénégal. Il est donc soutenu par ces deux pays ainsi que par l'Algérie, l'Égypte et le Nigeria. Le NEPAD a pour objectif d'insérer l'Afrique dans l'économie mondiale pour mettre un terme à sa marginalisation. Sur la base du plan d'action qui a été adopté, les économies africaines devraient connaître une croissance de 7 % par an pendant les quinze prochaines années. La pauvreté devrait être réduite de moitié d'ici à 2015. Ce sont les mêmes objectifs que ceux de la Déclaration du millénaire de l'ONU de septembre 2000. C'est par l'investissement privé étranger et local que les promoteurs du NEPAD comptent atteindre ces objectifs. Il s'agit de créer les conditions institutionnelles et juridiques ainsi que les infrastructures nécessaires pour l'attirer ou le faire émerger.

Ces objectifs sont similaires à ceux de l'aide américaine au développement. Ils sont soutenus par les institutions de Bretton Woods qui ne ménagent pas leurs efforts pour les promouvoir. Les hommes d'affaires américains membres du Corporate Council on Africa ont été très présents aux premières réunions du NEPAD, plus que leurs homologues européens. Ils le sont peut-être moins aujourd'hui, le NEPAD se bureaucratisant et les projets concrets émergeant difficilement.

DE PREMIERS RÉSULTATS MODESTES MAIS TRÈS ENCOURAGEANTS

Les résultats sont pour l'instant plus qualitatifs que quantitatifs. Il convient d'en distinguer deux types : pour ce qui concerne les exportations américaines, les progrès ne sont pas évidents, il y a même recul en 2002, puis stagnation depuis, en Afrique du Nord comme en Afrique subsaharienne ; en matière de grands projets d'équipement, cependant, pour la première fois en 2001, les contrats remportés par les entreprises de construction américaines ont dépassé ceux des Français en Afrique subsaharienne, même si une partie importante est liée aux installations pétrolières[1].

Quant aux investissements privés américains en Afrique, ils restent très modestes et représentent 0,1 % des investissements privés des États-Unis à l'international. Comme dans les autres régions du monde, ils ont baissé depuis 2001. Les investissements américains restants sont concentrés dans trois pays : Afrique du Sud, Angola et Nigeria, soit dans les deux secteurs stratégiques que sont les mines et le pétrole. L'ensemble ne dépasse cependant pas le milliard de dollars, contre 4,5 milliards de dollars fin 1995. Si les résultats économiques à court terme sont médiocres, le maintien et parfois la croissance de la présence d'entreprises et de banques américaines laissent penser qu'elles espèrent d'autres opportunités. D'autre part, la politique d'influence présente de premiers résultats d'ordre politique. Toutes les mesures de l'AGOA ainsi que les zones de libre-échange récemment multipliées améliorent l'image des États-Unis auprès des décideurs locaux. Un pays comme le Sénégal, par exemple, accueille de plus en plus volontiers les États-Unis et a voté « dans le bon sens » sur l'extension des pouvoirs de la Cour pénale internationale et sur la non-extradition des ressortissants américains qui seraient condamnés par cette même Cour. Et tous les témoignages concordent pour reconnaître une extension de l'influence américaine auprès des élites, des hommes d'affaires et des jeunes du continent africain.

1. OBSIC (Observatoire international de la construction)/SEFI (Syndicat des entrepreneurs français internationaux), étude comparative, 2002.

6

L'utilisation défensive du droit

Si l'administration et les entreprises américaines savent mener à l'étranger des actions coordonnées d'influence et de conquête de marchés, elles n'hésitent pas non plus à utiliser des procédés défensifs pour ralentir ou interdire l'expansion des nations concurrentes quand la situation l'impose, c'est-à-dire quand les acteurs économiques américains sont en position défavorable sur les marchés. Ces mesures défensives relèvent essentiellement de l'utilisation orientée du droit, notamment à travers le contrôle du développement des entreprises étrangères sur le marché américain, l'application extraterritoriale des lois des États-Unis et l'utilisation des mesures de protection mises en place après le 11 septembre 2001.

LE CONTRÔLE DU DÉVELOPPEMENT DES ENTREPRISES ÉTRANGÈRES SUR LE MARCHÉ AMÉRICAIN

Les États-Unis sont pris entre deux impératifs contradictoires : d'une part l'ouverture aux investissements étrangers, à la fois pour des raisons de principe et pour les technologies potentiellement utiles que cela permet de surveiller ou d'exploiter ; d'autre part une réticence vis-à-vis de ces mêmes investissements, sans doute liée à la crainte de voir ces firmes désormais essentielles devenir incontrôlables en temps de guerre.

L'amendement Exon-Florio et le contrôle des investissements étrangers

En 1988 est voté l'*Omnibus Trade and Competitiveness Act.* Sur la base de l'amendement Exon-Florio, il définit de nouvelles procédures de contrôle des investissements étrangers qui modifient le *Defense Production Act* de 1950. Cet amendement prévoit que le Président peut suspendre ou interdire une acquisition, fusion ou prise de contrôle d'une société américaine par un étranger s'il existe une preuve substantielle que le contrôle par des intérêts étrangers menace la sécurité nationale et si des dispositions législatives autres ne peuvent protéger de manière appropriée la sécurité nationale[1]. Ce renforcement des mesures de protection a pour objectif d'éviter que des entreprises périphériques, voire extérieures au domaine de la défense, par exemple dans le domaine de l'informatique et des télécommunications, puissent passer sous contrôle étranger sans investigation préalable.

1. DREE (Direction des relations économiques extérieures), « Commentaires sur le dispositif américain visant à encadrer le contrôle et l'influence des sociétés américaines par des intérêts étrangers », Mission économique française aux États-Unis, 17 décembre 2002.

C'est un comité de onze membres, le Committee on Foreign Investment in the United States (CFIUS), qui examine les cas. Il est présidé par le département du Trésor et rassemble des représentants des services de sécurité et de renseignement (NSC[1], FBI, NSA[2] et CIA). Entre 1988 et 1999, il a examiné environ mille trois cents opérations de rachat. Quinze cas ont fait l'objet d'une enquête approfondie et une seule opération a été refusée. Le caractère confidentiel du comité et l'absence de définition de la sécurité nationale font qu'il a pu être taxé d'outil de nationalisme économique. Il est en fait autant dissuasif qu'actif : bien des projets d'affaires ne vont pas jusqu'à lui, car ils s'arrêtent quand leurs promoteurs savent qu'ils vont devoir les lui présenter. Ces cas concernent naturellement toujours des secteurs sensibles – armement, nouvelles technologies, etc. – et des entreprises européennes et japonaises. Ce qui est en cause dans ces procédures est leur caractère de nationalisme politique – le CFIUS est notamment souvent pressé par le Congrès de refuser certains dossiers – qui va à l'encontre du libre fonctionnement des marchés tant prôné par ailleurs par les États-Unis. D'autant qu'en sens inverse les acquisitions en Europe de secteurs sensibles par des groupes très liés au pouvoir américain sont encouragées.

1. National Security Council (Conseil national de sécurité).
2. National Security Agency, organisme américain chargé entre autres de l'interception des communications.

Les autres législations défensives

L'amendement Exon-Florio n'est pas un cas isolé. De nombreuses autres lois ont une fonction similaire dans divers secteurs : le *Jones Act* restreint l'investissement étranger dans le domaine de l'exploitation portuaire et de la pêche ; le *Federal Power Act* réserve la construction et le développement d'installations électriques publiques aux citoyens américains ; l'accès aux programmes de recherche et développement avec l'administration est rendu très difficile aux entreprises non américaines installées aux États-Unis, comme aux filiales américaines de sociétés étrangères, en contradiction avec le principe de non-discrimination et de traitement national qui est la base des règles libérales prônées par l'OMC... et les Américains !

Chaque année, la Commission européenne publie un recensement extrêmement sévère des barrières américaines à l'investissement. Elle mentionne dans son rapport 2002[1] nombre de limitations posées par les États-Unis à un libre-échange avec ses membres dans le domaine de la propriété intellectuelle et des services, ainsi que dans l'accès aux marchés publics de construction, en dépit de la signature par les États-Unis de l'accord plurilatéral du GATT sur les marchés publics en 1996.

1. Commission européenne, « Report on United States Barriers to Trade and Investment », Bruxelles, novembre 2002.

L'APPLICATION EXTRATERRITORIALE DU DROIT AMÉRICAIN

Parallèlement à son dispositif de soutien aux exportations, Washington a développé un arsenal législatif répressif donnant aux autorités américaines les moyens de lutter contre l'expansion économique de leurs concurrents les plus agressifs. Dans cette perspective, la politique commerciale américaine a fait, depuis trois décennies, l'objet de nombreuses législations – *trade acts* et embargos – qui contiennent des dispositions et des mécanismes permettant au responsable américain du commerce (USTR) d'identifier et de sanctionner certains comportements des concurrents des États-Unis jugés injustes et déraisonnables par eux. Et si ceux-ci refusent d'y mettre fin, les États-Unis peuvent décider de prendre des mesures unilatérales de rétorsion.

Les sanctions à caractère extraterritorial et les embargos

La politique de sanctions à caractère extraterritorial s'est largement développée jusqu'en 1998 : soixante et une lois ou mesures réglementaires fédérales envers trente-cinq pays ont été votées, pour des raisons légitimes tenant à la lutte antinarcotique, antiprolifération nucléaire, antiterroriste, à la défense des droits de l'homme, etc. Par ces lois, les États-Unis ont souhaité empêcher les sociétés du monde entier de commercer avec tel ou tel pays, par exemple :

– prolifération nucléaire : neuf mesures envers la Chine, Cuba, l'Iran, la Corée du Nord et le Pakistan ;

– lutte antinarcotique : huit mesures contre l'Afghanistan, le Myanmar, la Colombie, Cuba, Haïti et le Nigeria ;

– antiterrorisme : quatorze lois ou règlements contre Cuba, l'Iran, l'Irak, la Libye et le Nicaragua ;

– défense des droits de l'homme : vingt-deux mesures envers l'Angola, la Bosnie, la Birmanie, le Burundi, la Chine, la Croatie, Cuba, la Gambie, le Guatemala, Haïti, le Nicaragua, le Nigeria et la Yougoslavie.

Il faut y ajouter les législations propres aux États fédérés, comme le Massachusetts, qui a interdit de marchés publics les entreprises commerçant avec la Birmanie[1].

Une grande partie de ces mesures réglementaires ont abouti à décréter des embargos commerciaux à l'encontre de certains États étrangers, comme ceux instaurés par les lois de 1996.

La signature, le 12 mars 1996, par le président Clinton, de la loi Helms-Burton contre Cuba, puis, le 5 août de la même année, de la loi D'Amato-Kennedy contre l'Iran et la Libye, paraît, de prime abord, légitime : il s'agit de sanctionner les entreprises qui investissent à Cuba, en Iran et en Libye, trois pays qui menacent les intérêts des États-Unis. En réalité, il s'agit bien d'une modification unilatérale des règles du commerce international au bénéfice de Washington.

1. Décision attaquée par l'Union européenne devant l'OMC.

Les partenaires des États-Unis ont vite réalisé que le véritable enjeu de ces lois était beaucoup plus économique que diplomatique. En arrière-plan de l'alibi antiterroriste se profile une lutte sourde pour la conquête des marchés mondiaux, via la défense des intérêts nationaux américains. Les Américains supportent mal d'être privés des potentialités de gros pays pétroliers. L'installation des Européens en Libye et en Iran gêne leurs perspectives de développement. D'où la volonté de placer une sorte de « couvercle » préservant l'avenir. Quitte à affronter les Européens et à accentuer la guerre commerciale qui met aux prises les nations industrielles. Dès 1988, Nicholas Burns, le porte-parole du département d'État, l'avait explicitement annoncé : « La compagnie Total a essentiellement pris la place de Conoco et décroché un contrat qui aurait dû être très profitable à Conoco. (...) Nous voulons punir les entreprises qui auront ce genre de comportement à l'avenir[1]. »

Les sanctions appliquées aux contrevenants sont simples : ceux-ci ne pourront plus avoir accès à certains financements aux États-Unis et la participation aux procédures d'appel d'offres des administrations américaines pourra leur être interdite. La loi D'Amato-Kennedy précise que toute entreprise étrangère qui investira plus de 40 millions de dollars par an en Iran et en Libye sera automatiquement passible de sanctions commerciales ou financières. Les sanctions seront de plusieurs types :

1. Serge Marti, « Le terrorisme, alibi de la guerre commerciale », *Le Monde*, 23 août 1996.

– interdiction totale d'exporter vers les États-Unis ;

– interdiction d'être fournisseur de biens ou de services pour le gouvernement fédéral ;

– interdiction de tout prêt d'un montant supérieur à 10 millions de dollars par an de la part d'un investisseur bancaire ou financier américain ;

– interdiction de toute aide de l'EximBank (organisme public finançant les exportations américaines) ;

– interdiction de toute licence d'exportation de technologie américaine au profit de cette compagnie ;

– interdiction de jouer le rôle – éminemment lucratif – d'intermédiaire financier pour le placement de bons du Trésor américain ou, plus généralement, d'être un agent financier de l'État fédéral.

L'originalité de cette politique d'embargo ne réside pas seulement dans son caractère extrêmement contraignant, mais dans son champ d'application. En effet, si auparavant un État pouvait prendre des mesures d'interdiction de commercer avec un autre État[1], celui-ci ne pouvait appliquer, en principe, ces contraintes qu'à ses propres ressortissants, qui pouvaient être sanctionnés en fonction de la législation nationale en vigueur. Les lois Helms-Burton et D'Amato-Kennedy innovent sur ce point puisque non seulement elles se déclarent compétentes pour sanctionner des violations du droit américain par des ressortissants étrangers hors du territoire des États-Unis, mais elles permettent également à des ressor-

1. *Cf.* les mesures prises par de nombreux États contre l'Afrique du Sud, à l'époque de l'apartheid.

tissants américains d'assigner en dommages et intérêts, devant un tribunal fédéral, des ressortissants étrangers pour des faits commis hors des États-Unis. En d'autres termes, elles donnent à des particuliers la possibilité de participer directement à l'application d'un texte dont l'objet initial est de sanctionner un État[1].

En définitive, l'objectif majeur de ces lois est de créer un maximum de tracasseries afin de freiner les relations de l'Europe avec la Libye, l'Iran, la Birmanie, ou, jusqu'en mars 2003, l'Irak de Saddam Hussein, dans un souci d'affaiblissement de la concurrence et de récupération des marchés sur le long terme. Il est intéressant de noter qu'à l'exception de Cuba, objet d'un embargo américain depuis 1962, les pays les plus touchés disposent d'importantes ressources de pétrole ou de gaz : l'Irak, la Libye, l'Iran, la Birmanie et le Nigeria.

Un autre aspect moins connu des sanctions est celui qui touche directement des alliés des États-Unis à la demande d'un lobby national. Par exemple l'industrie américaine du bois, regroupée en une Coalition for Fair Lumber Imports, avait réussi à faire mettre en place des sanctions commerciales (imposition de droits compensatoires moyens de 27 %) contre les exportations canadiennes de bois sur la base des politiques de dumping pratiquées selon eux par ce pays. Cette politique a produit des résultats inverses de ceux escomptés : les exportations québé-

---

1. P. Gastineau, « L'entreprise, nouvel instrument de la diplomatie », *Les Échos*, 11 septembre 1996, p. 48.

coises, les moins nombreuses, ont baissé de 23 %, mais celles de Colombie-Britannique et d'Ontario ont augmenté de 2 et 3 % au cours de la même période. Au final, la moyenne canadienne a baissé seulement de 4 % et les droits compensatoires ont généré des complications pour les importateurs américains. La même Coalition a donc demandé fin 2002 à l'administration américaine de supprimer ce système, au profit du système de quotas pratiqué antérieurement.

Les sanctions à caractère unilatéral

Pour peser sur les États concurrents, Washington dispose, outre les mesures extraterritoriales, d'un arsenal de sanctions juridiques à caractère unilatéral : les sections 301 du *Trade Act* de 1974 et super 301 de l'*Omnibus Trade and Competitiveness Act* de 1988, et la loi dite *Carrousel*.

Selon les termes de la section 301, si un gouvernement étranger s'oppose à l'ouverture d'un secteur économique aux entreprises américaines, les États-Unis, après une année de négociations, peuvent appliquer la même politique.

La section super 301 durcit la 301. Elle s'étend aux pratiques déloyales décelées par le haut représentant au Commerce (USTR), aux pratiques anticoncurrentielles et aux soutiens à l'exportation. L'administration américaine doit d'abord négocier bilatéralement avec le pays concerné, mais peut décider des représailles en cas d'échec. La loi de 1988 comprend également un article dit section spéciale 301 qui concerne le respect des droits de propriété intellectuelle et sanctionne les contrefaçons.

La loi dite *Carrousel*, adoptée par le Congrès en mai 2000, s'applique aux cas de non-respect persistant des décisions prises dans le cadre du règlement des différends de l'OMC. Elle a failli toucher l'Union européenne. C'est un système de sanctions « tournantes » qui consiste à changer tous les six mois la liste des produits qui seront soumis à relèvement des droits de douane. Elle est également considérée comme contraire aux engagements pris à l'OMC, qui ne prévoient pas de mesure de sanction décidée unilatéralement.

Les pratiques de sanctions sont assumées par l'administration américaine. Elles n'en sont pas moins l'expression d'une tentation d'unilatéralisme et peuvent être légitimement considérées comme déloyales vis-à-vis de leurs concurrents.

L'hostilité des grandes entreprises américaines aux sanctions

Les grandes entreprises américaines ont vite manifesté leur désapprobation vis-à-vis de ces lois qui nuisent à leurs propres affaires comme à leur image auprès de leurs concurrents et partenaires étrangers. La puissante National Association of Manufacturers[1] (NAM) évaluait en mars 1997 que les soixante et une mesures prises avaient privé les sociétés américaines d'un chiffre d'affaires d'environ 790 milliards de dollars à l'export.

1. La NAM compte parmi ses adhérents les plus actifs de grandes entreprises comme Dupont de Nemours, Caterpillar, Halliburton, Bechtel, etc., qui pourtant comptent parmi les premiers bénéficiaires des actions de l'*Advocacy Policy*.

Le *Journal of Commerce*, qui exprime le point de vue des milieux d'affaires, publiait, le 30 mai 1997, un article de M. James E. Perrella, dirigeant d'Ingersoll-Rand Co, président de l'association d'entreprises National Foreign Trade Council, et créateur d'USA Engage, un regroupement d'entreprises très hostile aux sanctions commerciales. M. Perrella estimait que « comme outil de la politique extérieure américaine, les sanctions sont inefficaces, contre-productives et dommageables pour les Américains ». Il citait l'Institute for International Economics qui évaluait la réduction des exportations américaines vers vingt-six pays entre 15 et 20 milliards de dollars en 1995, du fait des sanctions, et la perte d'emplois à 200 000 ou 250 000. S'il devait y avoir des sanctions envers ces pays, disait-il, il devait s'agir de sanctions multilatérales et non unilatérales de la part des Américains, sanctions laissant le champ libre à leurs concurrents (la France étant citée en premier lieu).

À la suite de ces démarches et de l'évolution de la situation internationale, diverses sanctions ont été levées : contre l'Inde et le Pakistan (juste après le 11 septembre 2001, lutte antiterroriste oblige) et contre la Libye (résultat des efforts d'USA Engage). La question de l'Irak ne se pose plus aujourd'hui dans les mêmes termes. Quant aux sanctions contre Cuba, elles sont maintenues – comprenant notamment l'interdiction aux touristes américains d'aller sur l'île – et pourraient même être développées.

Les États-Unis entravent ainsi délibérément le commerce international par l'exportation de leur droit via les embargos et ne permettent pas aux entreprises étrangères d'investir librement sur leur territoire.

Cela se fait en corollaire à des efforts pour lever des obstacles à l'exportation quand ils résultent de procédures ou de normalisations distinctes des leurs. Dans ce dernier but, le département du Commerce est chargé de répertorier les entraves rencontrées par les entreprises américaines dans leur stratégie de conquête des marchés à l'exportation, afin d'y mettre un terme. La même démarche est poursuivie au niveau multilatéral : les objectifs américains, observés notamment à travers les négociations de l'OMC, sont toujours de démanteler tous les droits de douanes, de bannir les subventions publiques et de supprimer les quotas qui protègent les industries nationales. La politique américaine privilégie la notion de zone de libre-échange dans la mesure où les États-Unis en sont le maître d'œuvre ou un partenaire privilégié.

L'EXPLOITATION DES NOUVELLES LÉGISLATIONS LIÉES À LA LUTTE ANTITERRORISTE

Dès 1984, Washington avait mis en place des dispositions législatives pour combler les lacunes existantes face au terrorisme, respectivement sur les attentats contre les avions de ligne et sur les prises d'otages. Ces mesures modifiaient la façon dont les agences fédérales peuvent tirer parti de la législation internationale pour améliorer les chances d'appréhender les terroristes, où qu'ils soient, et les traduire devant un tribunal américain. En 1985, le *Foreign Assistance Act* avait donné à la Direction générale de l'aviation civile des États-Unis le pouvoir d'inspecter des aéroports étrangers et d'émettre des recommandations à l'intention de ceux où les conditions de sécurité minimales n'étaient pas remplies. Enfin, l'*Omnibus Diplomatic Security and Antiterrorism Act* de 1986 avait rendu les agressions et attentats perpétrés à l'encontre des citoyens américains à l'étranger justiciables du droit criminel américain et avait autorisé le recours à l'extradition vers les États-Unis, par voie légale ou autre, des terroristes afin de les juger[1]. Les pays européens ont ainsi dû très tôt se protéger pour éviter de se transformer en terrain de chasse des enquêteurs américains. Après avoir signé en 1970 la convention de La Haye, qui leur interdisait de se procurer des moyens de preuve à l'étranger autrement que par le truchement des autorités locales, les États-Unis ont fait juger par la Cour suprême que leurs enquêteurs pouvaient purement et simplement ignorer ce traité[2].

Les conséquences des attentats du 11 septembre

Les attentats du 11 septembre 2001 ont conduit Washington à renforcer sa sécurité aérienne et portuaire et à édicter de nouvelles lois antiterroristes. Ces mesures de sécurité, légitimes mais unilatérales, ont pour conséquence d'introduire une distorsion de concurrence accrue entre les États-Unis et l'Europe.

1. Robert Kupperman et Jeff Kamen, *Final Warning : Advertising Disaster in the New Age of Terrorism*, New York, Doubleday, Bibliothèque du Congrès, 23 décembre 1986, pp. 125-129.
2. Emmanuel Rosenfeld et Jean Veil, « Le droit, vecteur de la puissance américaine », *Le Monde*, 14 février 2004.

Dans le domaine de la sécurité aérienne, la législation antiterroriste américaine de janvier 2002 et ses textes d'application ont imposé de manière unilatérale l'obligation pour toute compagnie aérienne assurant des vols à destination des États-Unis de donner, sur demande, aux services de contrôle aux frontières américaines accès aux dossiers de leurs passagers enregistrés dans leur système de réservation (*Passengers Name Records,* PNR). Ces dossiers de réservation sont constitués par les agences de voyages en vue de transmettre aux compagnies aériennes les données nécessaires à la réalisation des services demandés par les voyageurs. Ils sont donc susceptibles de comporter l'identité des passagers et de préciser ceux qui voyagent ensemble, leur itinéraire complet, leur adresse personnelle ou de facturation, leurs contacts téléphoniques et leurs moyens de paiement, ainsi que, selon les cas, les numéros de carte bancaire et des données médicales ou relatives aux choix alimentaires à caractère religieux. Les compagnies aériennes qui ne se plieraient pas aux exigences des douanes américaines pourraient subir des sanctions allant jusqu'au refus d'atterrissage. Outre le moyen de pression extraordinaire que cela représente à l'encontre des compagnies aériennes étrangères[1], ces fichiers PNR sont une source d'information inestimable sur les déplacements des représentants d'entreprises étrangères. Il faut craindre le détourne-

1. Il a été possible d'en mesurer l'impact lors de la suspension des vols d'Air France à destination de Los Angeles, fin décembre 2003, malgré le caractère peu sérieux de l'alerte terroriste transmise par les Américains.

ment de ces listes à des fins de renseignement économique. Elles permettent en effet à l'administration américaine d'être informée des prémices d'un contrat ou d'un contact entre une entreprise concurrente et un État étranger.

Dans le domaine de la sécurité portuaire, il est demandé aux ports et armateurs une adhésion active à la lutte antiterroriste (réponse obligatoire à des questionnaires, engagements dont le non-respect peut entraîner des poursuites judiciaires, etc.). Le programme *Customs-Trade Partnership Against Terrorism* (C-TPAT) vise à s'assurer que les entreprises qui exportent vers les États-Unis respectent un certain nombre de règles de sécurité. Un questionnaire détaillé adressé aux entreprises voulant exporter outre-Atlantique permet aux douanes américaines de mieux connaître leurs systèmes de sécurité, en échange de facilités et de baisse de tarifs douaniers. Par ailleurs, des douaniers américains sont désormais en poste à l'étranger et se voient ainsi reconnaître une faculté de visite dans les entreprises exportatrices. Cela risque de se transformer en l'établissement d'une *white list* de fait et d'exclure des ports américains les navires armés par des armateurs étrangers ou ayant chargé dans des ports n'ayant pas fait cette démarche. Les contrôles douaniers seront plus longs et les documents plus difficiles à obtenir pour ceux-ci.

L'aspect le plus troublant de ce programme est son mépris pour les organisations internationales telles que l'Organisation maritime internationale (OMI). Malgré la volonté déclarée de coopérer avec ces instances, les discours des garde-côtes (*coast guards*) au Congrès ne laissent guère de doutes sur la finalité de l'action de ces derniers : éliminer le commerce réalisé à partir de certains pays. Il est important de noter que les coûts entraînés par une mise aux normes d'importations américaines (conteneurs « intelligents » possédant des équipements de reconnaissance, identification avancée des navires, etc.) sont très importants et ne seront pas financés par les États-Unis. Il existe donc un risque d'assister à l'élimination des petites entreprises de transport et des petits ports faisant du commerce à destination des États-Unis[1].

Les dangers du *Patriot Act*

L'*USA Patriot Act*[2] a été voté par le Congrès américain le 25 octobre 2001. Cette loi donne tous les pouvoirs au législateur américain pour accéder à toutes les communications orales ou électroniques pouvant avoir un lien avec les intérêts des États-Unis, au sens très large du terme. Elle autorise désormais le FBI à écouter les téléphones mobiles, récupérer les adresses sur le web et lire le contenu des courriers électroniques.

Les fournisseurs d'accès à Internet ont déjà été invités par le FBI à installer son système de surveillance des courriers électroniques Carnivore, éga-

1. Olivier de L'Estoile, « La réglementation de l'aviation d'affaires après le 11 septembre », in Bruno Durieux et Patrick Messerlin, *Relations commerciales France-États-Unis...*, *op. cit.*, p. 144.

2. C'est par cet acronyme qu'est généralement désignée la loi *Uniting and Strenghtening America by Providing Appropriate Tools Required to Intercept and Obstruct Terrorism Act.*

lement connu sous le nom de DSC 1000. Développé par le FBI lui-même, ce système permet, entre autres, de récupérer le contenu des courriers électroniques comme d'autres données de connexion, fournissant ainsi de quoi dresser un profil des utilisateurs. Cette loi renforce considérablement et légalise la surveillance permanente des hommes, des organisations et des entreprises. Elle fait objectivement courir un risque de légalisation de l'espionnage industriel. La question est : jusqu'où les autorités américaines vont-elles aller dans la surveillance des communications, des transactions commerciales et des échanges sur le web ?

Parallèlement, l'arsenal juridique répressif a été renforcé. Les instances judiciaires auront plus de pouvoirs en matière de surveillance électronique et pourront infliger des condamnations plus lourdes pour certains crimes liés à l'informatique. Ces nouveaux pouvoirs autorisent la mise sur écoute de tout appareil de communication utilisé par toute personne « en rapport de près ou de loin avec un présumé terroriste ». Les autorités peuvent arrêter et retenir indéfiniment des étrangers soupçonnés d'être en relation avec des groupes terroristes. Tout acte de piratage informatique – au sens d'une intrusion non autorisée dans un système et sa dégradation – pourra être assimilé à un acte terroriste.

Le *Patriot Act* renforce également la surveillance des comptes bancaires et des mouvements financiers. Il exige des banques américaines à l'étranger qu'elles ferment les comptes des banques non américaines clientes qui seraient des coquilles bancaires. Dans cet esprit, il a été demandé à toutes les banques françaises de certifier qu'elles ne disposent pas de telles coquilles. Et celles-ci se sont exécutées.

Enfin, sous couvert de lutte contre le terrorisme, le récent *Homeland Security Policy* a complètement réorganisé l'administration américaine en matière de collecte du renseignement.

À travers cet arsenal législatif, on mesure de quelle façon les *trade acts*, les embargos et les lois antiterroristes servent la sécurité économique et la stratégie d'expansion commerciale de Washington. Les juges américains sont conscients de l'intérêt qu'il y a pour les États-Unis à être une grande place du droit des affaires et à favoriser une centralisation des contentieux à New York. En effet, pour les opérateurs économiques, le détour par un tribunal de Manhattan est le meilleur moyen de faire pression sur leurs adversaires[1].

1. Emmanuel Rosenfeld et Jean Veil, « Le droit, vecteur de la puissance américaine », *op. cit.*

7

La neutralisation de l'Europe et le contrôle du Moyen-Orient

La diplomatie économique des États-Unis est à l'œuvre partout dans le monde. Les entreprises américaines n'ignorent pas qu'au cours de la première moitié du XXIe siècle six pays représenteront à eux seuls 50 % de la croissance mondiale : Russie, Mexique, Brésil, Chine, Inde et Indonésie.

Cependant l'Union européenne est aujourd'hui encore le principal partenaire commercial des États-Unis, et il est important de contrôler son expansion, voire de la neutraliser. Quant au Moyen-Orient, il représente l'une des principales sources d'approvisionnement à terme et les marchés y sont importants. Ces éléments joints à d'autres considérations géopolitiques en ont fait un terrain de prédilection des tentatives d'influence américaine.

LA POLITIQUE DE NEUTRALISATION DE L'EUROPE

Le raisonnement des Américains tel qu'exprimé dans leur *national strategy*[1] est on ne peut plus clair : ils doivent anticiper l'émergence de tout concurrent sérieux capable de leur disputer le pouvoir, d'autant que le développement de la mondialisation exacerbe le rôle des influences de blocs dans la normalisation internationale. En termes de population, de PNB, d'actifs financiers, de technologies et de puissance militaire globale, l'Union européenne reste le concurrent le plus menaçant[2]. Les États-Unis sont extrêmement attentifs à l'influence que pourrait prendre une Europe parlant d'une seule voix au sein des organisations internationales. Ils veillent également de près aux politiques économiques européennes développées entre États comme vis-à-vis des pays d'Europe de l'Est non membres de l'Union et des pays du pourtour méditerranéen.

Lors de la Guerre froide, face au danger communiste, les États-Unis ont d'abord soutenu l'émergence d'une Europe unie. Puis, rapidement, les opinions se sont inversées outre-Atlantique quant à l'intérêt de voir cette union progresser. Après s'être réjoui de l'échec de la Communauté européenne de défense (CED, traité de 1952 finalement repoussé en 1954), Washington a cependant compris qu'il ne

1. *The National Strategy of the United States of America*, The White House, Washington DC, septembre 2002.

2. Harald Müller, « Terrorisme, prolifération : une approche européenne de la menace », *Les Cahiers de Chaillot*, n° 58, mars 2003, pp. 92-93.

pourrait pas s'opposer frontalement à la construction européenne, qui se révélait un phénomène inéluctable. Une telle opposition aurait risqué d'en accélérer la constitution et l'orientation dans un sens défavorable aux intérêts des États-Unis. Après réflexion, Washington a donc décidé d'accompagner ce mouvement, mais en l'infléchissant dans un sens qui lui serait favorable.

Ainsi, depuis la chute du mur de Berlin, les Américains ont-ils résolu le défi que leur posait la construction européenne, en prenant le parti de l'appuyer et de l'étendre, avec le soutien de l'OTAN. C'est la mise en pratique d'une technique de judo : utiliser l'impulsion de son adversaire afin de provoquer son déséquilibre.

La pression américaine pour l'élargissement

Le discours américain n'a cessé de répéter que l'Union européenne devait s'élargir vers l'Est afin de permettre aux nouvelles démocraties d'accéder aux bienfaits de l'économie de marché. L'adhésion à l'OTAN des ex-démocraties populaires avait pour but d'assurer leur sécurité et de garantir la stabilité du Vieux Continent. En réalité, elle assurait aux nations de l'Est une entrée quasi automatique dans l'Union européenne. Il est difficile de ne pas voir dans cette manœuvre l'imposition de la volonté américaine : tout refus de la part des États d'Europe occidentale aurait été perçu comme un acte égoïste ou comme une prise de position à la fois antieuropéenne et antiaméricaine. L'objectif de Washington est en réalité de promouvoir l'évolution de la Communauté européenne vers une entité lâche, purement économique, de façon que se constitue le marché européen le plus vaste possible, avec des membres nombreux, en partie acquis à Washington. Les États-Unis n'ont aucun intérêt à voir se constituer une Europe politique forte, capable d'exprimer avec cohérence des choix conformes à ses intérêts propres.

Leur politique se fonde sur une vision eurasienne de l'Europe et leur objectif est de peser stratégiquement sur cette grande zone dite « Eurasie ». Il est d'ailleurs curieux de constater, pour l'anecdote, que la Banque mondiale a également adopté ce découpage et parle désormais de la zone « ECA » (*Europe and Central Asia*). Dans l'idéal américain, cette grande zone doit, à terme, comprendre la Turquie et être solidement arrimée au lien transatlantique. L'Union européenne ne peut en effet espérer se doter d'une politique étrangère et de sécurité commune en même temps qu'elle s'élargit à vingt-cinq, voire à trente États.

La stratégie américaine traditionnelle s'attache à entraver les progrès de la politique étrangère et de défense européenne lorsqu'elle met en cause sa suprématie. Cette stratégie a été élaborée par Henry Kissinger, et l'OTAN y contribue significativement. Les États-Unis soulignent l'inutilité, voire le danger, de l'autonomie de défense européenne, puisque les objectifs européens et américains sont identiques. La stratégie d'ensemble est donc cohérente : saluer les efforts européens tant qu'ils s'intègrent dans un cadre garantissant l'hégémonie américaine, mais y être hostile dès que se profilent à l'horizon une volonté politique européenne ou une capacité d'agir indépendante.

Depuis 1990, les États-Unis ont donc définitivement favorisé l'élargissement de l'Europe et l'intégration des pays de l'Est dans la « vieille Europe ». Dans cette perspective, les nouveaux pays européens ont été depuis cette date l'objet d'une grande sollicitude diplomatique et financière. Si les résultats commerciaux sont encore modestes[1], les efforts d'influence déployés ont permis la conclusion de grands contrats emblématiques comme celui des avions de chasse avec la Pologne en 2003, ainsi qu'une pénétration lente, mais certaine, de la culture et du droit des affaires américains. Surtout, la plupart de ces pays se sont alignés sur la position des États-Unis lors de l'entrée en guerre en Irak et y ont engagé des troupes, même si certaines déceptions se font jour depuis que l'autorité américaine s'exerce à Bagdad.

Une « coopétition » si nécessaire

Les politiques mises en œuvre par les États-Unis doivent jouer sur le registre de la subtilité et des alliances si nécessaire ; c'est la « coopétition », mélange de compétition et de coopération. Les alliances avec l'Europe ne sont pas rares, par exemple à l'OMC quand il s'agit de faire front devant des pays émergents de plus en plus actifs. Par ailleurs, les coopérations entre entreprises américaines et

1. Le montant des échanges commerciaux avec les nouveaux pays européens de l'Est s'élève à environ 11 milliards de dollars en 2003.

européennes sont encouragées, notamment quand elles peuvent permettre de déminer des terrains conflictuels. Cela a pu être le cas de manière discrète en Irak. Une coopération régulière peut aussi s'observer entre milieux d'affaires pour instruire les dossiers et préparer des décisions face aux administrations multilatérales. C'est le cas du Dialogue transatlantique d'affaires (*Transatlantic Business Dialog,* TABD), sorte de club de dirigeants d'entreprises des deux rives de l'Atlantique. Il s'agit là de travailler directement avec les publics les plus ouverts au message libéral, sur quasiment tous les secteurs industriels et commerciaux d'avenir. Des alliances improbables peuvent voir le jour, par exemple pour agir sur des décisions à venir de la Commission européenne ou pour contourner des résistances des États membres.

Freiner l'autonomie technologique de l'Europe : l'exemple de Galileo

Pendant longtemps, Washington a tenté d'empêcher l'Europe de se doter de son propre système de localisation par satellite, le système Galileo, qui fonctionnera grâce à la constellation d'une trentaine de satellites qui seront placés en orbite dès 2008. Galileo mettra un terme au monopole américain du *Global Positioning System* (GPS) et sera plus précis que lui.

Cette capacité nouvelle dont se dotent les Européens inquiète Washington. Or, les Européens n'ont pas construit ce système contre les Américains mais afin de renforcer leur base industrielle et technologique de défense et d'assurer leur autonomie politique et militaire dans la gestion des crises. Aujourd'hui, en effet, le monopole dont les États-Unis disposent avec le GPS leur permet d'altérer, quand ils le souhaitent, les performances du système de localisation pour les utilisateurs étrangers. Cela signifie qu'un État européen ne peut sérieusement avoir recours au GPS pour conduire une opération militaire sans l'accord de Washington, au risque de voir la précision du signal délibérément dégradée, car le Pentagone est le seul décideur du positionnement des satellites américains.

Jusqu'au début 2004, le Pentagone a poursuivi un combat d'arrière-garde, malgré l'inéluctable décision des Européens de lancer le projet. Ainsi, il leur a proposé de partager avec eux certaines connaissances (protection pour améliorer la survie en orbite, horloges atomiques, logiciels de contrôle depuis le sol, etc.) s'ils acceptaient d'opter pour les standards techniques américains. Outre cette tentative d'imposition des normes, le Pentagone avait par ailleurs averti qu'un refus de l'Union européenne porterait gravement atteinte au partenariat transatlantique – manœuvre de pression à peine déguisée.

Le Pentagone est notamment inquiet de la fréquence utilisée par Galileo et craint qu'elle n'interfère avec le GPS. Les Européens ont dû céder sur ce point. Ils ont accepté de la modifier et d'adopter une structure de signal américaine. Cela permettra à Washington de brouiller aussi bien le GPS que Galileo dans leurs zones d'engagement. Mais l'Europe n'a pas vu que les Américains protégeaient, par ce biais, aussi bien les applications miliaires que civiles du GPS.

LA RECONSTRUCTION DE L'IRAK ET LE CONTRÔLE DU MOYEN-ORIENT

Le Moyen-Orient est traditionnellement une chasse gardée des États-Unis qui n'hésitent pas à mettre tout leur poids en jeu pour y remporter des contrats jugés stratégiques. Dès la fin de la guerre d'Irak, en mai 2003, le président Bush a annoncé la mise sur pied prochaine d'une zone de libre-échange. Robert Zoellick, l'USTR, a lancé en juin 2003 les premières discussions.

La domination politique, économique et militaire américaine sur l'Irak a toutes les chances d'être longue, même si le vote, au Conseil de sécurité de l'ONU, le 22 mai 2003, de la résolution 1483 a quelque peu clarifié le vide juridique de l'occupation « alliée ». Cette résolution a mis fin aux sanctions commerciales et financières imposées à l'Irak, à l'exception de l'embargo sur les armes. Elle entérine également l'administration de l'Irak par la coalition anglo-américaine et prépare le transfert de sa responsabilité opérationnelle aux forces occupantes[1].

Pourtant, la facture s'alourdit pour le contribuable américain : chaque semaine, les États-Unis dépensent 1 milliard de dollars pour entretenir leurs soldats en Irak. De plus, il ne se passe pas une journée sans qu'un militaire américain ne tombe sous les balles d'une attaque de la résistance à l'occupation du pays

1. Bertrand Fraysse, « L'Amérique attend de l'Irak un retour sur investissement », *Challenges*, n° 200, 30 avril 2003, pp. 24-25.

par les GI, malgré l'arrestation de Saddam Hussein. Mais cela ne semble pas de nature à empêcher le projet général d'une zone économique moyen-orientale arrimée aux États-Unis avec, pour commencer, un retour sur investissement confortable de l'action menée en Irak puisque Washington s'attribue l'intégralité ou presque des contrats à venir.

La mainmise économique américaine sur l'Irak

L'essentiel des financements américains pour la reconstruction de l'Irak passe par l'USAID, qui dépend du département d'État. La réhabilitation de l'industrie pétrolière est gérée par l'USACE, qui relève du département de la Défense. Des douze secteurs pris en charge par l'USAID, neuf ont été déjà attribués à des contractants principaux. Pour ce qui est de la police, le département d'État a attribué le seul contrat qu'il gère en direct à Dyncorp. Sans surprise, le département de la Défense a attribué, également en direct, les contrats de logistique à Kellog, Brown & Root et ceux de formation de la nouvelle armée irakienne à Vinnell Corp[1]. Jusqu'ici, les mar-

1. Les principaux contractants déjà désignés sont : CSC Dyncorp International, International Resources Group, Airforce contract Augmentation Program, Stevedoring Services of America, Creative Associates International, Research Triangle Institute, ABT Associates, Skylink Air & Logisitics support, Bechtel, Kellog, Brown & Root, Vinnell Corp (Northrop Grumman), Washington Group International, Fluor Intercontinental, Perini Corp. (« La cartographie des contrats américains en Irak », *Intelligence on Line,* n° 457, 18-31 juillet 2003, p. 8.)

chés financés par l'USAID (aide humanitaire, port d'Oum Qasr[1], approvisionnement en matériel scolaire, développement des institutions civiques, remise en état des infrastructures[2], etc.) ou par l'armée ont tous été confiés à des entreprises américaines. Quelques autres, plus modestes, ont été attribués à des entreprises des alliés européens ayant appuyé Washington dans cette opération (Espagne et Pologne).

Pour contrôler les hydrocarbures irakiens, le gouvernement américain a installé, avec une célérité remarquable, les nouvelles autorités pétrolières du pays, placées sous son influence. Puis, très vite, il a octroyé des contrats de service à des entreprises américaines pour remettre en état les installations pétrolières, sans passer d'appels d'offres ni demander d'avis à l'ONU. D'où les interrogations sur le degré de surveillance que pourra, à l'avenir, exercer cet organisme sur les autorités pétrolières irakiennes. Mais les Américains sont prudents, car, dans le domaine de la production, le droit international est contraignant et, s'il existe un risque qu'un contrat puisse être condamné, il n'y aura pas de signature. C'est pourquoi les contrats accordés ne portent pas atteinte au droit international. Il s'agit en effet de contrats de prestation de services (géophysique, forage, ingénierie, construction, etc.) attribués à des

1. Remise en état du port d'Oum Qasr : Stevedoring Services of America, pour un montant de 4,8 millions de dollars.

2. Reconstruction des infrastructures : Bechtel Group, pour un montant de 680 millions de dollars. Remise en marche des puits pétroliers : Kellog, Brown & Root, filiale de Halliburton, pour un montant de 550 millions de dollars.

groupes parapétroliers (Bechtel, Halliburton), et non d'investissements en Irak[1].

Toutefois, en ce qui concerne la reconstruction des infrastructures confiée à Bechtel, la Commission européenne s'est émue des conditions d'attribution de ce contrat et a demandé de vérifier la compatibilité de la procédure avec les règles établies par l'OMC pour le commerce mondial. Aux États-Unis mêmes, des parlementaires démocrates ont demandé une enquête sur les procédures d'attribution utilisées par l'USAID. Face à la polémique, l'agence américaine a dû faire une concession en promettant jusqu'à 50 % des contrats de sous-traitance à des entreprises non américaines, toutefois choisies par les gestionnaires de projets, qui sont tous américains. Et, devant l'instabilité de la situation locale, Bechtel a sous-traité une bonne partie de son activité à des entreprises du Moyen-Orient ou d'Europe, afin de ne pas exposer ses propres salariés.

Devant ces réactions, les deux principales organisations gouvernementales qui prévoient de financer quelque 2 milliards de dollars de contrats, l'USAID et le département de la Défense, ont annoncé le lancement de véritables appels d'offres prenant le relais des contrats discrétionnaires signés avec des sociétés proches du pouvoir. C'est ainsi que, le 14 juillet 2003, l'US Army Corps of Engineers (USACE) a présenté à Dallas à plusieurs dizaines de sociétés deux contrats concernant le soutien aux compagnies pétrolières

1. Valérie Fauquan, « Total face à la menace de représailles américaines », *Le MOCI*, n° 1604, 26 juin 2003, pp. 61-64.

du nord et du sud de l'Irak, pouvant aller jusqu'à 500 millions de dollars chacun et auxquels elles devraient répondre avant le 14 août.

Dans les contrats attribués par l'USAID, si les contractants principaux sont évidemment tous américains, on remarque tout de même quelques sous-contractants britanniques (Crown Agents, Olive Security, Halcrow Group), Koweïtiens (Al-Bahar & Bardawil, Gulf Telecom, Al-Mulia), saoudiens (National Catering Co, Tamimi Global Co, TAFGA) et irakiens (Al-Bunnia, Al-Ebadi Group, Saida, Al-Dohan). Restent les grands appels d'offres internationaux qui doivent être accessibles à toutes les compagnies, quelle que soit leur nationalité, notamment dans la prospection pétrolière, les télécommunications et les travaux publics, l'alimentation électrique, etc. Le président de Shell, Philip Watts, a prévenu que sa société s'engagera dans un travail de prospection en Irak uniquement quand une « autorité légitime » sera en place et que les règles seront « équitables » et « transparentes ». Du côté de Total, on se montre confiant, tout en laissant filtrer en privé que, si les règles internationales du commerce ne sont pas appliquées, les juristes de la société engageront des procès qui feront peser de lourdes incertitudes sur tout contrat contesté[1]. Et finalement, malgré leurs efforts, les Américains ne sont pas sortis vainqueurs de la lutte pour le pétrole irakien. L'Irak a en effet cédé 10 millions de barils bruts en stock à six compagnies dont une seule est américaine.

1. « Nouvelles bases pour la reconstruction en Irak », *Intelligence on Line,* n° 457, 18-31 juillet 2003, p. 1.

La volonté de mainmise américaine sur le marché irakien s'exerce également au détriment de ses plus proches alliés anglo-saxons. Ainsi, producteurs de blé américains et australiens sont-ils en train de se livrer une bataille sans merci pour fournir l'Irak. Alors que les producteurs australiens avaient bien tiré leur épingle du jeu dans le cadre de l'ancien contrat « Pétrole contre nourriture » de l'ONU, ils craignent de se voir ravir la première place d'un marché évalué à 480 millions de dollars par an par des producteurs américains qui redoublent d'agressivité et pourraient profiter des nouveaux programmes d'aides mis en place par la coalition. Récemment, dans une lettre adressée à Colin Powell, l'US Wheat Associates a même accusé l'Australian Wheat Board, organisme qui a le monopole des exportations de blé en Australie, d'avoir surfacturé ses livraisons à l'Irak. Cet événement est à rapprocher du fait que c'est en Australie qu'a été relancée l'interrogation sur l'absence de preuves d'armes de destruction massive irakienne qui vise les gouvernements américain et britannique[1]. Par ailleurs, la remise en état du port d'Oum Qasr a été confiée à une entreprise américaine, alors même que le port a été conquis par les Britanniques. La situation est cependant encore plus difficile pour les autres nations.

Les mesures d'interdiction du marché irakien

En vertu de la résolution 1483 de mai 2003 de l'ONU, les entreprises françaises restent soumises

1. Christine Gilguy, « Australie : dure bataille pour les contrats agricoles irakiens », *Le MOCI,* n° 1603, 19 juin 2003, p. 33.

aux mêmes règles que les sociétés des autres pays. Toutefois, rien n'assure qu'elles ne soient pas subrepticement traitées différemment.

Le récent différend franco-américain quant à la légalité de l'intervention de Washington en Irak a des retombées économiques pour notre pays. Premier fournisseur de l'Irak de Saddam Hussein, la France assiste, impuissante, à la mainmise américaine en Irak. « Il est impensable que l'on vous donne une part du gâteau alors que vous n'avez pas aidé à sa préparation », déclarait Robert Ebel, le directeur du Centre pour les études internationales de Washington. Seules resteront quelques miettes. Les centraux téléphoniques installés par les Français ont été bombardés. Très probablement, Alcatel devra faire son deuil du contrat de 85 millions de dollars signé tardivement avec le gouvernement de Saddam. L'entreprise devra aussi renoncer à ses prétentions sur le futur marché irakien du téléphone mobile. C'est la norme américaine CDMA qui devrait remplacer la norme GSM jusqu'alors en vigueur dans le pays, alors même que tous les voisins de l'Irak en sont équipés. Mais les Américains s'en moquent. Ce qui compte pour eux, c'est leur retour sur investissement, pas les attentes des consommateurs irakiens[1].

L'une des principales cibles de l'hostilité de Washington à l'égard de Paris pourrait être le groupe pétrolier Total. Opérateur bien implanté dans la région, pris pour cible par les milieux pétroliers américains qui exigent des mesures de rétorsion, Total

1. B. Fraysse, « L'Amérique attend de l'Irak... », *art. cit.*

risque de voir ses acquis sur le sol irakien menacés. En effet, l'entourage du président Bush réclame des sanctions à l'égard du groupe, coupable d'avoir négocié avec le régime de Saddam Hussein.

Total avait négocié des contrats pour les champs de Majnoon et de Bin Umar situés dans le sud de l'Irak, qui contiendraient des réserves équivalentes à l'ensemble des réserves américaines connues. Cependant, rien n'avait été signé, en respect des règles juridiques découlant de l'embargo sur l'Irak. Cette connaissance des gisements irakiens lui donnait un an d'avance sur ses concurrents. À présent, les documents concernant les permis de ces deux gisements ont été récupérés par les Américains. Ils se trouvaient en effet dans les locaux du ministère du Pétrole dont se sont immédiatement saisies les forces américaines. Ainsi, le fruit de dix années de négociations et d'études pourrait être communiqué aux concurrents de Total pour qu'ils en fassent usage sans lui[1].

Certains acteurs français tempèrent ces déclarations d'intention : « Les Américains vont privilégier leurs intérêts, c'est clair. Ils vont bien sûr exercer leur influence sur le nouveau régime irakien. Mais ils éviteront toute forme de représailles contre Total qui ait un habillage juridique. » Le groupe français Total, malgré les menaces américaines, a ainsi remporté, en Irak, 2 millions de barils, soit un volume comparable au groupe américain Chevron-Texaco[2]. Pourtant, la situation pourrait à l'avenir se révéler plus difficile

1. Valérie Fauquan, « Total face à la menace... », *art. cit.*

2. Reuters, « L'Irak signe ses premiers contrats pétroliers d'après guerre », 12 juin 2003

pour la société française que pour d'autres compagnies pétrolières, notamment les sociétés britanniques, auxquelles le gouvernement américain a fait des promesses.

Certaines grandes entreprises françaises annonçaient très confidentiellement dès juin 2003 avoir eu la surprise d'être approchées par des entreprises américaines titulaires de nouveaux contrats, ou sachant déjà en être bénéficiaires à l'avenir, pour assurer une partie des travaux en sous-traitance. La raison relève de la recherche de rentabilité des entreprises américaines qui, pour assurer leur marge bénéficiaire, savent « garder leur drapeau dans leur poche ». Dans certains cas en effet, les entreprises françaises ayant déjà travaillé en Irak ou spécialistes d'une technologie utilisée là-bas sont à même de mener les travaux ou de rendre les services plus vite et mieux que les autres.

Si les entreprises américaines sont capables d'initiatives d'ouverture, l'administration cherche toujours à lutter contre la présence française, et pas seulement en Irak. Les sanctions pourraient s'étendre également aux pays voisins dans lesquels les Américains disposent d'une influence suffisante pour écarter les intérêts français. C'est par exemple le cas du Qatar, où est désormais installé le CENTCOM, le commandement américain pour tout le Moyen-Orient. Jusqu'à présent, 80 % de l'équipement de l'armée qatarie était d'origine française. Or l'on doit s'attendre à un renversement de tendance car les États-Unis ont fait de ce pays leur principal point d'appui dans le Moyen-Orient. La Maison-Blanche a commencé à mettre de l'ordre à Doha en muselant la célèbre chaîne d'information qatarie, Al-Jazira. Son directeur général, Mohamed Jassem al-Ali, a été remercié, fin mai 2003, sous la double influence de Washington et Ryad, sous prétexte que la chaîne était à la fois trop favorable à Usama Ben Laden et trop autonome dans son traitement médiatique de la campagne irakienne.

Mais, pour certaines entreprises françaises, le positionnement du gouvernement sur le dossier irakien n'a pas que des conséquences négatives. En effet, plusieurs pays du Golfe et du Moyen-Orient ont apprécié l'attitude de Paris et manifestent leur solidarité par l'octroi de contrats, souvent au détriment des Américains. Par exemple, le 16 juin 2003, au Bourget, le patron d'Emirates, la ligne aérienne des Émirats arabes unis, annonçait la commande de quarante et un avions Airbus.

Les sanctions économiques américaines hors du Moyen-Orient

Progressivement, en 2003, le différend franco-américain à propos de l'Irak s'est déplacé hors du Moyen-Orient : menaces de représailles du secrétaire d'État Colin Powell, appel aux sanctions contre les vins et les eaux minérales lancé par une poignée de parlementaires, exhortation au boycott des produits *Made in France* relayée par Fox News, etc. Mais, en matière de sanctions économiques, la situation semble moins critique qu'on ne pourrait le craindre.

En effet, il y a outre-Atlantique plus de 2 000 sociétés françaises qui emploient, selon les critères retenus, entre 550 000 et 850 000 personnes. Les échanges bilatéraux, très équilibrés depuis cinq ans, frôlent les 50 milliards d'euros. Les États-Unis sont le cinquième client de la France et son troisième fournisseur. La France est le cinquième investisseur outre-Atlantique avec 118 milliards d'euros d'actifs et ses exportations vers l'Amérique atteignent 25 milliards. Les 100 principales sociétés françaises implantées sur le sol américain ont réalisé, en 2002, 130 milliards de chiffre d'affaires. Dans un tel contexte, les sanctions seraient en partie suicidaires.

Aussi, rares sont ceux qui parient sur une politique de rétorsion directe contre les produits français de la part de Washington. L'augmentation unilatérale des tarifs douaniers sur le vin, le fromage ou les produits de luxe se traduirait par une condamnation de l'Organisation mondiale du commerce et des sanctions sonnantes et trébuchantes. Impossible aussi, compte tenu des règles qui régissent les échanges internationaux, de frapper la France et l'Allemagne sans punir le reste de l'Europe, dont la Grande-Bretagne, alliée des États-Unis. Les Américains n'y ont aucun intérêt, en raison de la forte imbrication des économies[1].

Les mesures de rétorsion que Washington envisageait d'appliquer aux entreprises françaises sur le marché intérieur américain ne semblent donc pas prendre forme, et les contrats des entreprises françaises devraient être honorés aux États-Unis. À titre d'exem-

1. Jean-Pierre de La Rocque, « Le Made in France dans la ligne de mire », *Challenges*, n° 197, 20 mars 2003, p. 22

ple, un éditeur de logiciel lyonnais, Esker, a remporté durant l'été 2003 la fourniture d'une solution de communication ultrasécurisée destinée aux services de santé militaires du département de la Défense. Certes l'entreprise française est implantée outre-Atlantique depuis 1991, elle y a racheté quatre de ses concurrents et a déjà travaillé pour le Pentagone et la CIA. De plus, elle est la seule dans sa spécialité à être certifiée CCS (*Common Criteria Standard*), une norme internationale d'évaluation du niveau de sécurisation des technologies de l'information, systématiquement exigée par la Défense américaine[1].

Par ailleurs, en avril 2003, au pire moment des relations franco-américaines, le secrétariat d'État américain à l'Énergie a choisi de retenir l'entreprise française Areva comme *prime contractor* sur le projet Yucca Mountain, ce qui constituait une première. « Malgré les tentatives de déstabilisation dont nous avons été victimes, force était donc de constater que rien n'avait fondamentalement changé. Un deuxième incident s'est produit sur une centrale nucléaire, où quelques collaborateurs allemands et quelques collaborateurs français réalisant des services de maintenance ont été pris à partie par des ouvriers américains à propos de l'Irak. Ceci est néanmoins resté un événement isolé qui n'a pas eu de suite[2]. »

1. « Esker : travailler avec le Pentagone malgré les soubresauts diplomatiques », *Le MOCI*, n° 1604, 26 juin 2003, p. 9.

2. Anne Lauvergeon, présidente du groupe Areva, actes du colloque *L'Amérique telle qu'elle est dans les relations économiques internationales*, organisé par le Comité national des conseillers du commerce extérieur de la France, Paris, 4 décembre 2003, p. 19.

Toutefois, les États-Unis ont imposé des entraves techniques et de procédure aux exportations de matériel d'une entreprise française vers l'Irak, dans le cadre du programme « pétrole contre nourriture ». Plus largement, « le simple fait d'être français aujourd'hui dans une activité économique et commerciale aux États-Unis n'en constitue pas moins un désavantage compétitif, né d'un certain nombre d'initiatives de politique étrangère. Ce désavantage se manifeste de multiples façons diffuses : ici un entrepreneur de talent ne souhaite pas s'associer à une affaire française, car il craint que cela soit mal vu par son environnement ; là, sans que l'on le sache, la nationalité française d'une entreprise lui a barré la route d'un marché[1] ». Le discours du 20 mars 2004 du président Bush, annonçant que les différends avec les pays alliés au sujet de l'Irak étaient enterrés, devrait rapidement conduire à une normalisation de la situation.

La diplomatie économique américaine se révèle très conquérante sur les marchés qu'elle juge prioritaires. Les stratégies de pénétration qu'elle a développées pour chacun d'entre eux sont d'une grande efficacité : les objectifs sont définis, les thèmes porteurs finement choisis, les actions méticuleusement planifiées et les acteurs sont coordonnés et puissamment soutenus par une administration omniprésente et des moyens financiers sans équivalents. En dernier

1. Ernest Antoine Seillère, actes du colloque *L'Amérique telle qu'elle est dans les relations économiques internationales*, *ibid.*, pp. 5-6.

recours, si des concurrents s'obstinent à vouloir disputer les marchés aux acteurs économiques d'outre-Atlantique, ceux-ci disposent d'une large palette de méthodes afin de leur en interdire l'accès, voire de les neutraliser.

8

La multiplication des pratiques contestables et déloyales

La nouvelle compétition mondiale s'accompagne d'une mutation des pratiques concurrentielles. De nouveaux modes d'action ont été développés par Washington pour assurer sa domination sur les marchés et venir à bout de la concurrence.

Par pratiques contestables, il faut entendre des actions suscitant l'interrogation quant à leurs buts ou leurs moyens, par exemple des comportements avérés de recherche de prise de contrôle ou d'instrumentalisation. Leur caractère commun est l'utilisation d'opérations normales, telles que l'assistance humanitaire, la reconstruction, les rachats d'entreprises, à des fins qui dépassent l'objet officiel, sans toutefois être toujours légalement condamnables. Les pratiques déloyales sont les modes d'action qui contreviennent sans ambiguïté au droit international, notamment l'espionnage. Elles peuvent être regroupées en fonction de leur finalité : techniques de captation de l'information, de pénétration de marché et de neutralisation de la concurrence.

LES MÉTHODES DE CAPTATION DE L'INFORMATION

Les mutations de l'environnement économique international depuis la fin de la Guerre froide ont placé l'information au premier rang de la compétitivité. La nouvelle forme de concurrence à laquelle nous assistons se caractérise par une âpre bataille pour sa maîtrise, car elle est le principal outil de la compétition économique. Le savoir devient plus que jamais un élément clé du pouvoir. Pour les acteurs économiques, il importe donc en premier lieu d'acquérir de l'information afin de comprendre l'environnement et de conquérir des marchés. Celui qui est aujourd'hui en mesure, avant ses concurrents, de déceler et d'identifier des opportunités d'action a déjà remporté une phase essentielle des affrontements économiques. Logiquement, la recherche tous azimuts de l'information ne cesse de s'élargir. Et lorsqu'il s'agit de doter les entreprises de leurs propres services d'information ou de les alimenter en données confidentielles de nature à assurer leur succès, le recours à des pratiques, à des moyens ou à des hommes issus ou relevant du renseignement d'État se révèle, aux États-Unis, tout à fait naturel.

Le renseignement au service de l'économie américaine

L'orientation des services de renseignement américains vers le soutien à l'économie nationale n'est pas nouvelle. En 1970, selon George Burke, un ancien cadre de la NSA, le Conseil consultatif des renseignements extérieurs affirmait : « Dorénavant l'espionnage commercial sera considéré comme une fonction de la sécurité nationale jouissant d'une priorité équivalente à l'espionnage diplomatique, militaire et technologique. » En 1977, une réunion entre la NSA, la CIA et le département du Commerce permit la création d'un bureau de liaison secret appelé Office of Intelligence Liaison dont le but était de traiter les informations permettant de défendre les intérêts économiques et commerciaux américains. Son nom sera changé quelques années plus tard en Office of Executive Support[1].

Déjà, sous la présidence de Bush père, la CIA participait à l'« effort de guerre » économique du pays. L'entreprise Enron comptait alors une vingtaine de cadres de l'agence dont le rôle était de fournir des informations détaillées au sujet des offres faites par des concurrents sur des contrats intéressant le groupe[2]. Puis, en 1994, Bill Clinton l'annonçait clairement dans son discours *A National Security Strategy Enlargement and Engagement* : les services de renseignement américains servent la stratégie d'expansion économique du pays et collaborent avec les entreprises. Lors d'un entretien au *Figaro* du 28 mars 2000, James Woolsey, qui fut directeur de la CIA entre 1993 et 1995, le confirmait : « C'est un fait : les États-Unis ont clandestinement amassé des renseignements contre les firmes européennes et je

1. Duncan Campbell, *Surveillance électronique planétaire*, Allia, Paris, 2001, p. 89.
2. « Enron, CIA et espionnage économique », *National Enquirer*, 15 février 2002.

crois que c'est tout à fait justifié. Notre rôle est triple et il est limité. D'abord, surveiller les entreprises qui rompent les sanctions décidées par l'ONU ou par les États-Unis. Ensuite, suivre à la trace les technologies aux applications civiles et militaires. Enfin, traquer la corruption dans le commerce international. » La réorientation de la CIA à la fin de la Guerre froide a eu pour conséquence que 40 % des missions qui lui sont désormais confiées sont de nature économique.

À partir de 1994, l'organisme chargé de coordonner la lutte contre les ingérences étrangères, le National Counter Intelligence Center (NACIC) – devenu depuis le National Counter Intelligence Executive (NCIE) –, impulsa une série de réformes ayant pour but de répondre aux besoins des entreprises privées américaines en matière de renseignement en leur communiquant des informations importantes et confidentielles reliées à la menace de pays étrangers contre les intérêts américains. Il s'agissait de permettre aux sociétés américaines de conquérir des marchés étrangers en leur offrant l'aide des services de renseignement américains.

Convaincus de l'acharnement des pays concurrents à les combattre, les États-Unis se sont dotés en 1996 d'une loi sur l'espionnage économique, l'*Economic Espionage Act*, dont le but est de décourager toute action d'intelligence économique étrangère sur le sol américain. Elle a été prolongée par d'autres initiatives.

Mais les Américains sont bien moins fréquemment victimes qu'agresseurs. Ils donnent de nombreux exemples d'actions offensives à des fins commerciales. L'une des plus récentes et des plus médiatiques fut la tentative d'espionnage à l'égard de la France – afin de connaître nos positions à l'OMC – détectée et neutralisée par la DST entre 1993 et 1995. Grâce à l'entière collaboration du haut fonctionnaire Henri Plagnol, elle conduisit à l'expulsion par la France de cinq diplomates travaillant pour la CIA.

Le recentrage d'une partie des activités de la CIA vers le renseignement économique n'est que la partie émergée de l'iceberg. La Commission européenne a fait part en 1998 de son inquiétude devant le recours de plus en plus fréquent de Washington à des interceptions de communications.

Les interceptions : Echelon et le Call Back

Le réseau Echelon est le réseau global d'interception des télécommunications mondiales mis en œuvre par les États-Unis, avec l'assistance de leurs alliés anglo-saxons. Il comporte :

– le réseau technique proprement dit, permettant l'obtention des renseignements par le biais d'interceptions des communications (*Signal Intelligence*, ou Sigint). Ce réseau est placé sous l'autorité de la National Security Agency (NSA) américaine ;

– les moyens techniques, essentiellement informatiques, permettant de traiter ces interceptions et de donner ainsi un minimum de sens au magma de données brutes récupérées : analyse des réseaux, transcriptions en texte, traduction éventuelle, regroupement automatique par thématiques abordées, etc.

– l'organisation mise en place par les États-Unis avec leurs alliés canadiens, britanniques, australiens et néo-zélandais[1] pour l'échange des renseignements obtenus.

Echelon regroupe aujourd'hui les moyens et les hommes des services de renseignement électroniques des États-Unis (National Security Agency), du Royaume-Uni (Government Communications Headquarters), du Canada (Communication Security Establishment), d'Australie (Defense Signals Directorate) et de Nouvelle-Zélande (Government Communications Security Bureau).

L'organisation semble être à deux vitesses. Les États-Unis dirigent la coalition et se retrouvent destinataires de la totalité des renseignements recueillis ; les quatre autres pays – le Royaume-Uni étant légèrement mieux loti que ses trois « confrères » – mettent leurs moyens à disposition mais ne reçoivent qu'une partie des messages interceptés.

Les moyens dont dispose la NSA défient l'imagination. Son réseau mondial d'interception réalise un véritable quadrillage de la planète, où sont placés sous surveillance électronique continue les émissions de radio, les téléphones, les Télex, les fax, les GSM, Internet et les échanges de données informatiques,

1. Cette coopération est appelée dans les milieux spécialisés « alliance UKUSA ». Ses prémices sont apparus lors de la Seconde Guerre mondiale, alors que le Royaume-Uni et les États-Unis s'entendaient pour échanger leurs avancées techniques, entre autres en matière de radar, de contre-mesures radar et d'interception radio. En 1947, l'alliance était formalisée entre ces deux pays (d'où son nom : UK-USA). Leurs alliés anglo-saxons – Canada, Australie et Nouvelle-Zélande – y furent conviés par la suite.

les communications des services de police, de gendarmerie, d'Interpol, les liaisons INMARSAT, etc. Le rapport qui fait référence sur Echelon[1] établit l'inventaire suivant des interceptions mises en place par le réseau : communications radio haute fréquence ; communications par relais micro-ondes ; communications des satellites Intelsat ; communication via les câbles sous-marins ; et communications propres à Internet.

Les responsables des services de renseignement américain ont toujours affirmé qu'Echelon ne servait pas à l'intelligence économique, c'est-à-dire que les informations recueillies n'étaient pas transférées aux entreprises américaines. Selon eux, les informations servent à identifier les actes de corruption des entreprises concurrentes sur les marchés internationaux, qui justifient alors une intervention du gouvernement américain. C'est la thèse soutenue par James Woolsey, devant le Select Comittee of Intelligence du Sénat américain le 10 janvier 1995[2] : « Nous consacrons nos efforts d'analyse économique à évaluer si les nations tournent les règles du commerce international en utilisant leurs services de renseignement pour l'espionnage industriel ou exercent des pressions pour gagner des contrats pour leurs entreprises aux dépens du commerce et des emplois américains. Cela ne signifie pas que nous faisons de l'espionnage économique, ce n'est pas notre job que

1. Duncan Campbell, *Surveillance électronique planétaire*, *op. cit.*
2. Robert Windrem, *NBC News*, 14 avril 2000.

d'espionner pour les entreprises. Mais cela signifie que nous portons les pratiques de corruption étrangères à la connaissance de la Maison-Blanche et du Congrès, qui alors cherchent à les redresser, souvent avec succès. » Cette position a été également défendue par l'ex-directeur de la CIA, George Tenet, et le directeur de la NSA, Michael Hayden, devant le sous-comité permanent du Congrès sur le renseignement. Selon James Woolsey dans une lettre adressée au comité du renseignement du Sénat en 1994[1], la CIA a identifié, en 1993, cinquante et un cas de pratiques déloyales de concurrents étrangers où 28 milliards de dollars étaient en jeu. Les actions prises permirent d'en récupérer 6,5 au profit d'entreprises américaines. À les croire, il ne s'agirait que de contre-intelligence.

Pourtant, devant ces mêmes chambres et comités, des officiels confirmèrent que les renseignements américains avaient aidé Boeing pour la vente de 747 à l'Arabie saoudite, Raytheon sur le dossier SIVAM au Brésil et Hughes pour l'exportation d'un système de télécommunications en Indonésie[2]. Dans une conférence de 1995 à Detroit, à la suite d'une entrevue avec les trois grands de la production automobile, au contenu resté secret, James Woolsey déclara qu'en 1994 c'étaient 10 milliards de dollars de contrats qui avaient ainsi pu être gagnés par les

1. Information rapportée par *NBC News*, 14 avril 2000.

2. On peut trouver de nombreux exemples sur l'utilisation des informations interceptées par les systèmes d'écoute américains, à des fins commerciales, en consultant le rapport rédigé par Duncan Campbell, présenté au Parlement européen en février 2000.

entreprises américaines grâce aux renseignements fournis par l'administration.

Devant l'efficacité de telles pratiques, la transmission d'informations aux entreprises, qui était occasionnelle sous l'administration Bush père, devint systématique sous la présidence Clinton. Au point que la CIA produisait un *Daily Economic Intelligence Briefing* limité à cent exemplaires destinés à la Maison-Blanche et aux principaux ministères, tandis qu'un *President's Daily Briefing* de trente-deux copies seulement était destiné à la Maison-Blanche. Ces informations étaient également envoyées à l'*Advocacy Center*.

De nombreux cas de l'implication des services d'écoute américains au profit de leurs entreprises ont été identifiés. Par exemple, en mars 1993, Volkswagen parvint à débaucher José Lopez de Arriortua, un des dirigeants du groupe General Motors, et à en faire son directeur de la production et des achats. Le Basque espagnol est alors accusé, par General Motors et par sa filiale allemande Opel, d'espionnage industriel au profit de Volskwagen. Lopez et la poignée de collaborateurs qu'il avait emmenés avec lui furent soupçonnés d'avoir emporté des documents industriels secrets – près de vingt mille documents stockés sur disquettes – dont aurait profité Volskwagen. Le géant de Detroit réclama plusieurs millions de marks d'indemnités au constructeur allemand. Ce conflit entre les deux firmes ne cessait de s'envenimer, quand, brusquement, en janvier 1997, il fut réglé à l'amiable par les deux entreprises, Volkswagen achetant Lopez 400 millions de francs à General Motors.

D'après un expert allemand, ancien du renseignement, les deux stations d'écoute de la NSA en Allemagne – Bad Aibling en haute Bavière et Gablingen, près d'Augsbourg – auraient intercepté les communications et les visioconférences de Volkswagen[1], ce qui aurait apporté à General Motors les preuves irréfutables dont il avait besoin pour contraindre son concurrent.

En 1993 un autre exemple d'espionnage économique défraya la chronique. La firme allemande Enercom commercialisait avec succès une nouvelle génération d'éoliennes. Confortée par l'afflux de commandes, la firme tenta de s'implanter aux États-Unis. Sur décision de justice américaine, son développement fut entravé par une interdiction d'accéder au marché américain jusqu'en 2010. La condamnation reposait sur la violation d'un brevet déposé par son concurrent américain, Kennetech Windpower. En réalité, la NSA aurait intercepté les codes et documents confidentiels d'Enercom lors de conférences par téléphone, et transmis ces informations à la firme américaine. Le préjudice subi par Enercom s'élèverait à plus de 50 millions de dollars. L'avocat de la firme allemande affirme que, depuis cette affaire, les informations sensibles de l'entreprise ne passent plus ni par le téléphone, ni par courrier électronique, ni par télécopie[2].

1. Jean-Paul Picaper, « Les "grandes oreilles" de la campagne bavaroise », *Le Figaro,* samedi 22 mars 1997.

2. Stéphane Vachet, « Les entreprises sont-elles menacées d'espionnage par le système Echelon ? », le *MOCI*, n° 1520, 15 novembre 2001, p. 97.

Duncan Campbell, dans son livre *Surveillance électronique planétaire*, cite onze contrats dans lesquels des firmes françaises ou des consortiums franco-européens ont perdu – entre 1994 et 1997 – 18 milliards de dollars à la suite de ce type d'intervention. Parmi eux, il relève deux cas importants (SIVAM au Brésil et une vente d'Airbus à l'Arabie saoudite) à propos desquels la presse américaine a rapporté que des renseignements obtenus par Echelon avaient été utilisés.

En 1994, dans le cadre d'un contrat d'achat d'avions de 6 milliards de dollars entre Airbus et la compagnie d'Arabie saoudite, la NSA intercepta les fax et les communications entre les deux partenaires. Les informations collectées furent alors transmises à Boeing et McDonnell Douglas également en lice. Ce dernier obtint le marché.

La même année, la NSA intercepta les communications entre Thomson CSF et le Brésil pour la vente d'un système de surveillance de la forêt amazonienne (SIVAM) représentant 1,4 milliard de dollars. Thomson CSF était sur le point de signer avec Brasilia lorsque soudainement les Brésiliens revinrent en arrière et le marché fut attribué à l'entreprise américaine Raytheon… qui est l'un des principaux partenaires de la NSA dans le projet Echelon ! La NSA avait mis en place une surveillance à la suite de soupçons de corruption de Thomson en direction des membres influents du gouvernement de Brasilia[1]. Elle aurait intercepté

1. www.echelon-online.fr.st, 4 mars 2003.

des appels téléphoniques entre Thomson et les autorités brésiliennes, et l'entreprise française fut accusée de corruption. Il était possible de lire dans le dossier de presse distribué par Raytheon après sa victoire, comme sur le site de la société : « Le département du Commerce a travaillé dur pour soutenir l'industrie américaine dans ce projet. » L'ironie de l'affaire est qu'ultérieurement ce sont les Américains qui y furent – gravement – accusés de corruption. Depuis, les rapports publiés par le département du Commerce dressent la liste de centaines de contrats où le gouvernement américain affirme avoir remporté des marchés au détriment de concurrents étrangers en intervenant dans l'intérêt du commerce américain.

Le système Echelon est parfois même orienté pour espionner les alliés les plus proches de Washington. Il n'est pas jusqu'au général britannique Michael Rose, commandant en chef de la Forpronu en Bosnie en 1994-1995, qui ne se soit plaint de l'espionnage électronique américain. Pourtant l'on ne peut l'accuser d'antiaméricanisme de principe. Son quartier général de Sarajevo avait été mis sur écoute par le renseignement américain. Toutes ses conversations secrètes avec Londres et le siège new-yorkais de l'ONU étaient interceptées par la NSA. Pour lui, il s'agissait d'une tentative délibérée de certains hauts responsables du département d'État de saper la politique de l'ONU dans les Balkans et sa propre position à la tête de la Forpronu. Dans son livre qui relate son expérience en

Bosnie[1], il affirme que l'administration Clinton, qui soutenait ouvertement la faction musulmane, était si inquiète qu'il puisse montrer la moindre sympathie pour les Serbes bosniaques qu'elle l'avait mis sous étroite surveillance. Il fut même accusé par des membres du Congrès américain d'être anti-musulman.

Mais Echelon n'est pas le seul opérateur des interceptions américaines. Depuis quelques années, les grandes sociétés américaines de télécommunications et de téléphonie inondent la presse européenne de leur publicité en faveur du système Call Back. Ce procédé ingénieux, à base de fibres optiques, permet d'utiliser, par exemple depuis la France, des centraux téléphoniques aux États-Unis afin de téléphoner sur de longues distances, pour un coût inférieur à une communication directe : jusqu'à 60 % de réduction par rapport à France Télécom. Cette technique est également valable pour les télécopieurs et l'échange de données informatiques. En fait, ce système est téléguidé par la NSA et rend chaque interception plus facile sur le territoire américain. La manipulation technique des télécommunications et des systèmes informatiques est une réalité. Les systèmes de télécommunications peuvent sans difficulté servir au propriétaire du réseau ou aux services de renseignement de l'État concerné. Le téléparamétrage permet de générer des canaux cachés de transmissions qui

1. Michael Rose, *Fighting For Peace : Bosnia 1994*, Harvill ed., 1998.

permettent d'assurer la surveillance automatisée des systèmes d'information.

La prise de contrôle des sources d'information

Outre le recours de plus en plus systématique aux renseignements accessibles via l'appareil d'État, l'on observe, partout dans le monde, des opérations américaines de rachat de secteurs stratégiques ayant pour objectif le contrôle de l'information économique.

Celui des assurances en est un exemple. Les groupes américains d'assurance se sont lancés, depuis le milieu des années 1990, dans des opérations de rachat de cabinets de courtage d'Europe continentale. Or l'acquisition de nombreux courtiers et assureurs peut permettre l'accès aux données confidentielles dont ils disposent sur leurs clients. En effet, « les assureurs vous demandent jusqu'à la composition du bouchon de la dernière bouteille de conditionnement qu'il y a dans votre entreprise pour savoir s'il y a un risque d'incendie ou pas. À travers cela, vous vous déshabillez complètement[1] ». Ainsi, l'un des géants américains de l'assurance, Marsh & McLennan, a racheté fin 1998 le plus grand courtier indépendant italien. Plusieurs grands cabinets français de courtage sont aussi passés sous pavillon américain. Les différentes acquisitions réalisées au cours de ces der-

1. Jacques Fournet, « Renseignements généraux et DST : légitimité, compétences, structures. Une nécessaire réflexion à l'aube du XXIe siècle », actes du colloque *Quel renseignement pour le XXIe siècle,* Lavauzelle, 2001, p. 26.

nières années font que 70 % des grandes entreprises françaises sont désormais assurées par des sociétés anglo-saxonnes. Par exemple, Gaz de France était en 1997 assuré par SGCA, qui a été racheté par AON, le numéro un mondial, dont les prix étaient de 20 % inférieurs à ceux d'AXA[1]. Compte tenu des liens forts existant entre entreprises et État aux États-Unis, le risque de transfert d'informations extrêmement confidentielles concernant les moyens de production, la recherche et les produits des industriels étrangers n'est pas totalement nul[2].

D'autres secteurs stratégiques, notamment dans les nouvelles technologies de l'information, sont également concernés. Les prises de participation des fonds d'investissement d'outre-Atlantique, plus ou moins liés aux services de renseignement américains, se multiplient. Cela a été allégué dans le cas de la société Gemplus en France. Les technologies de carte à puce et de cryptage développées par cette société ont en effet séduit le fonds d'investissement Texas Pacific Group, qui y a investi 550 millions d'euros. Il y a placé à sa tête un directeur qui s'est révélé être un ancien administrateur d'In-Q-Tel, le fonds d'investissement officiel de la CIA. Ce fonds

---

1. Jean-François Jacquier, « Compagnies d'assurances : les risques du contrôle américain », *Le Point*, n° 1298, 2 août 1997, p. 16.

2. Historiquement, rappelons que c'est grâce à l'assurance que les bombardements alliés sur l'Allemagne du Reich purent être aussi ciblés. En effet, avant la guerre, les courtiers allemands étaient réassurés auprès de la Lloyd's. Celle-ci connaissait en conséquence tous les emplacements des industries stratégiques allemandes, ce qui permit d'orienter les frappes aériennes contre l'appareil industriel allemand.

créé en 1999 vise à doter l'Agence des meilleurs outils de recherche et de traitement d'informations de la société civile (logiciels, bases de données, etc.). La présence de ce fonds dans le capital d'une entreprise donne à cette dernière une crédibilité plus grande et une garantie d'accéder aux marchés publics américains de manière préférentielle[1]. Mais elle sonne généralement le glas de leur indépendance.

Les investissements du fonds Carlyle ont également fait l'objet d'interrogations : le groupe présente en effet la double particularité d'être administré par de très hauts proches du pouvoir américain comme James Baker, ancien secrétaire d'État, ou Frank Carlucci, ancien directeur central du renseignement, et d'affectionner les investissements dans des secteurs sensibles ou des médias européens.

Il n'y a rien à redire à ce type d'investissements – même dans les technologies sensibles – quand ils sont faits de manière transparente avec toute clarté sur l'identité de leurs auteurs. C'est aux entreprises et à leurs États de prendre les précautions nécessaires, comme le font de leur côté les Américains. En revanche, quand les repreneurs ou investisseurs cachent leur identité ou apparaissent ultérieurement être des instruments au service de l'État, la méthode entre dans la catégorie stigmatisée par les Américains eux-mêmes de « pratiques contestables ». Des cas extrêmement peu clairs ayant touché des entreprises françaises sont connus par la communauté du

1. Bernard Carayon, « Intelligence économique... », *art. cit.*, p. 64.

renseignement, mais il est par nature difficile de comprendre avec certitude ce type d'opérations, et encore plus de les citer[1].

LES MÉTHODES DE PÉNÉTRATION DES MARCHÉS

Ces nouvelles méthodes de pénétration ont une finalité double. D'une part, s'implanter sur un marché à l'insu des concurrents en recourant à des approches dissimulées. D'autre part, s'installer dans un pays en utilisant un levier à très forte légitimité pour obtenir immédiatement l'adhésion des populations afin de les transformer rapidement en consommateurs fidèles. Les deux techniques les plus employées sont la conquête des marchés émergents sous couvert d'assistance humanitaire et la prise de contrôle des pays en sortie de crise par les actions civilo-militaires. Soyons clairs : ces techniques sont également pratiquées par d'autres gouvernements, comme celui du Royaume-Uni, ou tentent de l'être, comme en France. L'action humanitaire d'un gouvernement est évidemment légitime, tout comme sa volonté d'implantation dans un pays en crise. La coopération avec les ONG est délicate quand elle dépasse l'humanitaire et a pour but d'accroître sa visibilité. Quand les ONG sont purement et simplement instrumentalisées, consciemment ou non, pour obtenir des marchés ou

1. La revue *Intelligence On Line* aborde régulièrement les cas vérifiés.

faire passer des normes, il y a tromperie. Selon Stéphane Sisco, membre du conseil d'administration de Médecins du Monde, les ONG « deviennent de plus en plus, souvent malgré elles, le bras désarmé de grandes puissances »[1]. Il en va de même pour l'action civilo-militaire quand sa finalité n'est pas celle affichée et quand ses manœuvres sont déloyales dans le cadre d'une coalition entre alliés.

La conquête des marchés émergents sous couvert d'assistance humanitaire

L'action humanitaire est traditionnellement un outil de développement et d'assistance d'un grand nombre de pays occidentaux, mais elle apparaît depuis quelque temps comme un instrument d'influence économique, politique et culturelle pouvant générer des bénéfices économiques à court, moyen et long terme. Depuis plusieurs années, les États-Unis ont développé des liens particuliers avec certaines organisations humanitaires, laïques ou religieuses, ce qui leur permet, en liaison avec les entreprises et les militaires, de se positionner commercialement au cœur des économies émergentes ou en reconstruction.

À cet effet, ils ont conçu des stratégies très originales qui s'appuient sur un discours circonstancié, dans lequel la mise en avant de l'humanisme et l'apprentissage de la démocratie permettent de tirer parti de la légitimité de l'humanitaire au profit de

1. Interview parue dans la revue *Sentinelle*, novembre 2003.

leurs intérêts politiques et commerciaux. Ces démarches visent à prendre le contrôle de nouveaux marchés, en participant activement au démarrage d'États durablement sous-développés et à leur acheminement vers la démocratie. Ce discours n'est pas gratuit, et Washington s'en trouve être le principal bénéficiaire. En effet, les subventions attribuées aux économies émergentes pour se familiariser avec les « outils de la démocratie » et le libéralisme se doublent généralement d'offres de services ciblées sur le développement de ces outils : juristes pour rédiger la nouvelle loi foncière ; ingénieurs BTP pour étudier la mise en place d'un nouveau réseau routier, la reconstruction d'une ville – électricité, réseau de distribution de l'eau – ou l'agrandissement d'un aéroport ; urbanistes pour reconfigurer le développement de zones urbaines, etc.

Ces subventions servent la stratégie d'expansion économique des États-Unis, qui se trouvent être les premiers à profiter du développement. Outre les ONG traditionnelles, les États-Unis se sont dotés d'organismes gouvernementaux qui, sans rien renier de leur vocation humanitaire officielle, poursuivent de façon plus ou moins déclarée des stratégies de rentabilisation économique et politique de l'aide humanitaire, à l'occasion de crises ou de conflits, ou plus généralement à titre d'assistance à des pays pauvres. C'est le cas de l'USAID, qui est membre du TPCC. Par ses fonctions, il est l'un des organismes les plus présents dans le monde. Il affiche sans complexe son souci de rentabilité nationale, comme en témoignent les extraits de sa présentation sur Internet :

« La faible portion du budget fédéral américain qui assiste les nations en voie de développement sert directement les meilleurs intérêts des États-Unis. »

« Les activités de l'USAID débouchent sur des bénéfices économiques directs dans presque tous les États de l'Union. » (Suivent des exemples.)

« Le principal bénéficiaire des programmes d'assistance américains à des pays étrangers a toujours été les États-Unis. »

Beaucoup d'ONG américaines collaborent activement à cette démarche de pénétration de marché en se livrant à un véritable travail de marketing en profondeur, proche du renseignement : études des goûts et du comportement des populations, tests et analyse des réactions face à de nouveaux produits, définition de normes locales, identification des circuits de décision, détection et surveillance de la concurrence, etc.

Par exemple, le *Growth with Equity in Mindanao* (GEM) est un programme bilatéral d'aide au développement mené conjointement par l'USAID et la présidence des Philippines, en association avec des organisations semi-publiques et privées telles que Clemente Capital Consultants Inc, The Foundation for Rural Institutions, Economic and Development Inc, Cargill Technical Services Inc. Il dispose de sept bureaux opérationnels à Mindanao et emploie plus de cent personnes. Son personnel est principalement composé d'anciens de l'administration américaine, des services de renseignement et du corps diplomatique. Sa mission est de détecter des projets de développement à Mindanao, notamment dans les zones musulmanes, de trouver des sources diversifiées de financement pour des sociétés locales et d'attirer des investisseurs étrangers souhaitant développer une activité dans l'île ou bien y cherchant certaines denrées[1].

Parallèlement à ces approches existent d'autres processus d'influence indirecte, à travers l'instrumentalisation des organismes internationaux d'aide au développement. Les États-Unis ont compris combien il pouvait être utile d'exercer une influence significative sur ces institutions et ont mis en place, à chaque échelon décisionnel des instances concernées, un maillage efficace pour la captation d'informations, de financements et l'influence. L'attribution des marchés humanitaires s'effectuant au sein des grands organismes répartiteurs de l'aide internationale, tels que la Banque mondiale ou la Commission européenne – dont le service concerné, ECHO, utilise abondamment les services d'ONG américaines qui décident à quelles ONG les attribuer... –, la boucle est ainsi bouclée ! Il ne faut pas oublier qu'il existe dans le domaine humanitaire des possibilités de financement considérables destinées aux missions des ONG, lesquelles ont d'énormes besoins opérationnels. Les secours d'urgence et les interventions humanitaires au profit des réfugiés sont générateurs de marchés, en particulier pour les équipements de

1. Jean Gerothwohl, « La stratégie d'ouverture de l'USAID à Mindanao », in Bruno Durieux et Patrick Messerlin, *Relations commerciales France-États-Unis...*, *op. cit.*, p. 44.

construction temporaire, les médicaments ou l'alimentation, dont peuvent bénéficier directement des entreprises « bien avisées ». Ainsi, de nombreuses ONG américaines ouvrent régulièrement des marchés aux entreprises de leur pays. Leur action est sous-tendue par un patriotisme qui n'existe chez aucune autre. Ces stratégies ne sont pas répréhensibles en elles-mêmes, mais produisent la déplaisante impression d'une instrumentalisation de l'action humanitaire.

La prise de contrôle des pays en sortie de crise par les actions civilo-militaires

Les ONG ne sont pas les seuls vecteurs de l'économie américaine pour pénétrer ou prendre le contrôle des marchés émergents. Les armées, à travers leurs déploiements à l'étranger, dans les zones en crise ou en sortie de crise, sont également un acteur majeur de l'expansion économique des États-Unis.

En raison de l'instabilité mondiale et de la multiplication des conflits locaux, les opportunités d'action sont nombreuses. Le tiers de la population de la planète se trouve aujourd'hui en situation de sortie de crise. Depuis 1990, ces crises ont fait plus de cinq millions de morts et ont entraîné des destructions considérables. Les opérations dites « civilo-militaires » (CIMIC) consistent à accompagner la sortie de crise et le redémarrage économique d'un État, en veillant à la satisfaction des besoins des populations touchées par la guerre, afin que de nouvelles frustrations ne viennent relancer les hostilités. Les opérations civilo-militaires ont pour but affiché de prendre toutes les mesures permettant d'assurer des conditions aussi normales que possibles à la vie locale et de contribuer à la reconstruction administrative, économique et juridique du pays. Elles ont également une face « cachée » : elles visent à prendre le contrôle de nouveaux marchés, en participant activement à la reconstruction économique des pays où elles sont mises en œuvre.

Cette méthode a été mise au point par le Commandement américain des opérations spéciales (United States Special Operations Command) et expérimentée lors de nombreuses interventions de l'ONU ou de l'OTAN (Koweït, Cambodge, Somalie, Haïti, Bosnie, Kosovo). Elle a pour but de rafler tous les marchés à leur source, en s'appuyant sur l'envoi de cadres de réserve pour faire du renseignement économique. Ceux-ci sont issus des grandes entreprises du pays considéré, en fonction des activités concernées ; ils interviennent pour identifier au plus tôt les besoins industriels et d'équipement et nouer des liens aussi étroits que possible avec les décideurs locaux.

En effet, la remise en ordre d'un État ravagé par une guerre offre des débouchés dans tous les domaines d'activité : reconstitution des services publics, réhabilitation des institutions, reconstruction des infrastructures… Les marchés de reconstruction sont loin d'être négligeables. Ils ont été évalués à 50 milliards de dollars pour le Koweït, 7 milliards de dollars pour le Liban, 5 milliards de dollars pour le Cambodge, à plus de 20 milliards de dollars pour l'ex-Yougoslavie et à 5 milliards de dollars pour le Kosovo. On comprend dès lors les convoitises dont ils sont l'enjeu. Ainsi les affaires civilo-militaires servent-elles désormais, de façon quasi systématique, de tremplin pour l'obtention des marchés d'infrastructures ou d'équipements liés à la reconstruction d'un pays.

Dès lors, on voit se multiplier sur les théâtres considérés des prospecteurs déguisés en militaires ou en acteurs humanitaires, des actions de noyautage des instances de l'ONU et se déployer le lobbying des agences nationales de développement international et de coopération. Le conflit à peine fini, les entreprises du monde entier se précipitent pour participer à la reconstruction. Tous les moyens sont bons pour rafler des contrats et profiter des financements réunis dans ce but par les organismes internationaux. Les militaires d'active de certaines nations jouent parfois même un rôle de rabatteurs d'affaires. Les Américains sont passés maîtres dans ces jeux. Les affaires civilo-militaires sont l'instrument privilégié pour évaluer précisément les besoins locaux et les tâches indispensables à réaliser en priorité et influer sur les cahiers des charges. Grâce à cette démarche coordonnée entre les armées et les entreprises, les investissements et les contrats industriels et commerciaux suivent et accompagnent les troupes des États-Unis dans un bel exemple de complémentarité des logiques géopolitique et économique. Ces nouvelles techniques de pénétration des marchés émergents se révèlent d'une efficacité sans commune mesure avec le coût qu'elles représentent.

LES MÉTHODES DE DÉSTABILISATION ET DE NEUTRALISATION DE LA CONCURRENCE

Lorsque l'anticipation ne suffit pas, les acteurs économiques américains n'hésitent pas à recourir à des procédés plus expéditifs afin d'écarter leurs concurrents des marchés qu'ils convoitent. Pour cela, ils alternent pressions politiques et attaques médiatiques aux effets destructeurs.

Les pressions politiques en appui des contrats commerciaux

Entre *Advocacy* et pression, la frontière est parfois ténue. Quand une forte conviction ne suffit pas, la pression politique du géant peut « ramener à une juste vision ». De plus en plus fréquemment, l'administration américaine n'hésite pas à utiliser différents moyens d'influence, plus ou moins explicites et plus ou moins coercitifs, pour aider ses entreprises à obtenir des contrats en usant de son poids. L'État américain soutient plus ses entreprises que nul autre, et il a la troublante franchise de le clamer : « Les États-Unis étant la première puissance économique du système commercial mondial, ils sont bien placés pour user de leur pouvoir de persuasion et de leur influence.[1] »

Les actions de pression américaines touchent tous les secteurs économiques, concernent l'ensemble des marchés mondiaux et recourent à des procédés variés qui ne sont généralement pas écrits. Par exemple, fin

1. United States Information Agency, 2 mars 1998, Washington.

2002, une entreprise française réputée, désirant soumissionner à un appel d'offres d'équipement en Irak avant la chute de Saddam Hussein, s'en est vu dissuader par des officiels américains qui, pour bien faire passer le message, ont pris soin de préciser qu'une obstination conduirait à sa mise de fait sur liste noire pour tout appel d'offres aux États-Unis pendant plusieurs années.

L'armement, un terrain privilégié des pressions américaines

À la fin des années 1980, un contrat pour la fourniture de huit avions de patrouille maritime Dassault Bréguet Atlantic 2 à la Corée du Sud était acquis. Par cinq fois, un comité interministériel sud-coréen avait voté en faveur de l'avion français, écartant son rival américain, le P3 Orion. Ne pouvant faire annuler le contrat, les Américains eurent alors recours à des pressions déloyales : ils firent tout simplement renvoyer le ministre de la Défense coréen et le firent remplacer par le chef d'état-major de l'armée de terre, plus malléable. Ils l'invitèrent dix jours à Washington et, à son retour, la décision d'acheter des appareils américains était prise.

En Abu Dhabi également, en 1997, d'intenses pressions américaines ont été exercées contre le cheikh Zaid bin Sultan, ministre de la Défense, afin qu'il écarte le Rafale de Dassault Aviation de la compétition pour quatre-vingts chasseurs de l'armée de l'air émiratie et que ses achats soient orientés exclusivement vers des fournisseurs américains, Washington se présentant comme le seul État capable d'assurer la protection des Émirats contre une agression extérieure[1]. Pour vendre des armes en Asie ou au Moyen-Orient, Washington utilise un argument choc : le « parapluie » de sécurité qu'il offre à ses alliés. Les récentes compétitions pour la fourniture d'avions de combat en Finlande et en Pologne – perdus par les Français après des pressions américaines – ne sont guère différentes. En Europe de l'Est, l'OTAN est une redoutable machine à vendre des armements américains, au nom de l'interopérabilité des matériels. Les candidats à l'entrée dans l'Alliance se voient poser cette condition. Ils entrent alors dans la sphère d'influence politique américaine[2].

Un autre exemple est particulièrement révélateur : celui de la compétition pour la fourniture d'un système de reconnaissance à la Luftwaffe, l'armée de l'air allemande, au milieu des années 1990. La nacelle électronique ASTAC[3], fabriquée par Thomson CSF, permet de surveiller le spectre électromagnétique en localisant et en cataloguant avec précision les émissions des radars sol-air. Sa compacité lui permet d'être emportée sous la plupart des avions de combat tactiques, seuls capables d'aller tester les défenses ennemies pour recueillir des informations valables. Ce concept d'emploi est très éloigné de la doctrine américaine qui attribue les missions de reconnaissance électronique à des avions lourds

1. *Le Monde du Renseignement*, 30 avril 1997.
2. Arnaud de La Grange, *Le Figaro*, 2 mai 1996.
3. Il s'agit d'une nacelle équipée de senseurs fixée sous l'avion pour les missions de guerre électronique.

ou vulnérables tenus d'opérer à distance de sécurité. Déjà exportée au Japon, la nacelle ASTAC est également en service au sein de l'armée de l'air française qui l'a utilisée en ex-Yougoslavie.

À la suite d'une démonstration particulièrement réussie effectuée par l'armée de l'air en territoire allemand, en 1997, la Luftwaffe fut conquise par le système français et annonça son intention de se le procurer. Une compétition devait toutefois avoir lieu, mais le produit de Thomson étant le seul dans sa catégorie – qui plus est, le seul qui ait été expérimenté au combat – et immédiatement disponible, les jeux semblaient être faits. C'était compter sans la pugnacité du lobby américain en Allemagne.

Le processus d'acquisition ayant été confié par les Allemands à un organisme dépendant de l'OTAN, les Américains présentèrent leur candidature et commencèrent par dénoncer le cahier des charges défini par la Luftwaffe. Ils firent tant et si bien qu'ils remirent en cause l'essentiel des clauses techniques exprimées par les Allemands et purent ainsi concourir avec des matériels très éloignés des besoins initialement exprimés. Et c'est ainsi qu'à la surprise générale la consultation fut remportée par une entreprise américaine avec un matériel ne correspondant pas aux besoins de la Luftwaffe. Celle-ci parvint à annuler la procédure et à reprendre l'affaire de zéro. En juillet 1997, elle lança une nouvelle étude qui aboutit à la sélection de Thomson CSF. Le lobby américain hurla alors à la corruption et parvint une nouvelle fois à annuler la transaction. Le bras de fer se poursuivit quelque temps entre la Luftwaffe, sûre de ses choix techniques, et un ministère de la Défense allemand empêtré dans les exigences politiques. Les grandes perdantes de cette affaire ubuesque et exemplaire ont été l'industrie française, la coopération européenne, et surtout la Luftwaffe, qui ne recevra peut-être jamais le matériel qu'elle souhaitait utiliser[1].

L'utilisation offensive des médias et de l'information

Le durcissement de la concurrence et la volonté d'assurer un leadership mondial incontesté conduisent les États-Unis et leurs entreprises à pénétrer le champ obscur de la manipulation de l'information. Celle-ci consiste en l'utilisation planifiée et synchronisée des canaux médiatiques internationaux – presse écrite, télévision, radio, tracts, réseaux électroniques, publicité – afin de détruire l'image d'un adversaire ou d'un concurrent dans un monde dominé par les médias[2].

L'attaque contre l'image d'un pays peut par exemple consister à décrédibiliser ses dirigeants, ses représentants ou ses institutions ; à nuire à la réputation de ses secteurs d'activités sensibles – en matière d'agriculture, on fera état de subventions injustement octroyées, en aéronautique, on mettra en doute la qualité et la fiabilité des produits ; à déstabiliser ses

1. Frédéric Lert, *Raids*, juin 1998, p. 50.
2. Pascal Jacques-Gustave, « Introduction à la guerre de l'information », document interne DCI, 1996, p. 94.

entreprises les plus performantes[1]. L'actualité de cette dernière décennie est riche en exemples de manipulations américaines de l'information.

En avril 1993, Michael Armstrong, le P.-D.G. du géant américain des satellites et des missiles Hughes, filiale de General Motors, jeta un pavé dans la mare. À quelques semaines de l'ouverture du Salon international aéronautique du Bourget, il annonça son refus d'y participer. Motif invoqué : il venait d'apprendre d'un rapport secret de la CIA que quarante-neuf firmes américaines dont la sienne – mais aussi Boeing, McDonnell Douglas, Bell, Pratt & Whitney, etc. – faisaient l'objet d'une surveillance par les renseignements français. La France démentit catégoriquement et estima que Hughes justifiait ainsi son refus d'investir pour venir au Bourget et participait à une action de déstabilisation de l'industrie de défense française avant l'ouverture du salon.

De même, les attaques contre les technologies d'Airbus sur certains forums du web ne sont pas anodines. Par exemple, le 25 juin 1988, était diffusé par ce canal un extrait du rapport d'enquête concernant l'accident de l'Airbus A320 d'Absheim[2]. Or ledit rapport n'avait pas encore été rendu public et les parties à décharge pour l'avionneur européen étaient totalement passées sous silence. Puis subitement, des messages très agressifs à la fois pour la firme et pour son parte-

1. *Ibid.*, p. 94.

2. Cet accident provoqué par une démonstration trop risquée lors d'un meeting avait fait quatre morts et une centaine de blessés le 25 juin 1988.

naire français, Aérospatiale, apparurent comme par enchantement dans les *newsgroups* consacrés à l'aéronautique et au transport. Ils affirmaient en substance que l'accident n'avait rien d'étonnant puisque les ingénieurs européens n'étaient pas du niveau des Américains et que d'autres accidents du même type se reproduiraient.

Quelques ingénieurs spécialisés d'Aérospatiale surveillaient toutefois en permanence les *newsgroups*. Surpris par la virulence de l'attaque, ils traquèrent les messages et leurs auteurs. Ceux-ci semblaient à première vue parfaitement anodins, avec des adresses cohérentes. En y regardant de plus près, la réalité apparaissait moins nette : identités et adresses étaient fausses, de même que les nœuds de connexion. Les messages émis en réalité aux États-Unis par des ordinateurs aux indicatifs truqués transitaient par des serveurs anonymes en Finlande. Aérospatiale soupçonne très fortement Boeing d'avoir mené l'une des premières grandes campagnes de désinformation sur Internet[1].

De la communication à la falsification de l'information

La manipulation de l'information peut avoir des objectifs plus larges que la seule tromperie ou la déstabilisation d'une entreprise concurrente. Elle peut viser à induire en erreur l'opinion internatio-

---

1. Jean Guisnel, *Guerres dans le cyberespace. Services secrets et Internet*, La Découverte, 1995, pp. 158-159.

nale pour rendre possible la réalisation des objectifs politiques.

Dans cette optique, l'appel aux agences de relations publiques dans la gestion des conflits se généralise outre-Atlantique. Depuis le début des années 1980, le Pentagone fait appel au Rendon Group à chacune des guerres qu'il mène. Ce cabinet a ainsi participé à toutes les opérations visant à déstabiliser Saddam Hussein. Mais ce n'est pas le seul : Ruder Fin, Benador Associates et Hill & Knowlton sont également sollicités.

En 1990, après l'invasion irakienne du Koweït, l'option d'une intervention américaine dans la région était loin d'être acquise. Afin de créer des conditions politiques favorables, les gouvernements américain et koweïtien se sont associés dans une opération de désinformation afin d'influencer l'opinion publique internationale. Un reportage diffusé sur les grandes chaînes américaines a particulièrement ému le public. Une jeune femme en larmes – anonyme par peur des représailles – racontait les exactions des troupes irakiennes au Koweït : « Les soldats ont déboulé dans les hôpitaux, molesté le personnel hospitalier, puis ils se sont emparés des couveuses... Ils ont tué les enfants avec une sauvagerie incroyable... ils leur ont fracassé la tête à coups de crosse. » Terrible témoignage ! On devait apprendre plus tard que la jeune femme en question était la fille de l'ambassadeur du Koweït aux Nations unies et que le film avait été tourné par une agence de relations publiques, Hill & Knowlton, qui reçut d'importants subsides – provenant de pays pétroliers de la péninsule Arabique[1] – pour mener campagne en faveur de la libération du Koweït[2].

En parallèle à ces agences de « communication », l'exécutif américain dispose de ses moyens propres, qu'il met en œuvre avec plus ou moins de bonheur. L'Office of Special Plans (OSP) a été créé par Paul Wolfowitz après le 11 septembre 2001. Composé d'une demi-douzaine d'éléments[3], il a eu pour mission de collecter, d'analyser et de mettre en forme tous les renseignements susceptibles de promouvoir une guerre contre l'Irak : démontrer la menace des armes de destruction massive, prouver les liens de Saddam Hussein avec l'organisation de Ben Laden, etc. Les destinataires de ses analyses, principalement Donald Rumsfeld, Condoleezza Rice et Paul Wolfowitz lui-même, pensaient ainsi pouvoir disposer d'informations susceptibles d'être utilisées pour contredire les évaluations de la CIA transmises chaque jour au Président.

---

1. Le 10 août 1990, la firme de relations publiques Hill & Knowlton a été mandatée par un groupe privé, dénommé « Citoyens pour un Koweït libre », pour un montant de 10,7 millions de dollars, afin de développer une campagne de propagande sur des atrocités irakiennes qui devaient être fabriquées. Il en est résulté la création de toutes pièces de l'événement cité (Jacques Baud, *Encyclopédie du renseignement et des services secrets*, Lavauzelle, p. 381).

2. Jean-François Tacheau, *Stratégies d'expansion du nouvel empire global*, *op. cit.*, pp. 108-109.

3. Notamment : Abram Shulsky, spécialiste des questions de renseignement, de politique étrangère et des techniques soviétiques de désinformation, ex-conseiller de Richard Perle sous l'administration Reagan ; Kenneth de Graffenreid, ancien membre du National Security Council (administrations Reagan et Bush père) ; Bernard Lewis, ardent propagateur de la théorie du « choc des civilisations » et conseiller personnel de Paul Wolfowitz pour le monde arabo-islamique ; Harold Rhode et Roy Godson.

Puis, début 2002, fut créé l'Office of Strategic Influence (OSI), chargé de convaincre le monde arabe que les États-Unis ne faisaient pas la guerre à l'Islam, mais au terrorisme et à Saddam Hussein. Il avait, entre autres missions, celle de trouver un lien entre l'Irak et Al-Qaeda. Cet organisme, qui a été rapidement dissous en raison de la controverse qu'il a suscitée, mettait en œuvre toute une gamme d'actions allant des relations publiques ouvertes jusqu'à la propagande noire. Enfin, en janvier 2003, fut révélée l'existence d'un autre organisme, américano-britannique, celui-ci, appelé Office for Global Communication (OGC). Il était chargé de concevoir les messages destinés à soutenir la politique extérieure américaine et britannique et associait étroitement, dans cette perspective, les *spin doctors* du Pentagone et de Downing Street.

La campagne médiatique lancée par les États-Unis à l'occasion de la crise irakienne était très élaborée et visait simultanément plusieurs cibles avec des argumentaires adaptés. La coalition anglo-américaine s'est employée à gagner la guerre des images – en les manipulant. La plupart des images diffusées sur les écrans américains ont ainsi été filmées du point de vue des « libérateurs » et des « opérations » ont été montées de toutes pièces pour le public américain : le déboulonnage de la grande statue de Saddam Hussein, le 9 avril, au centre de Bagdad, présentée comme le fruit d'un mouvement spontané de la population irakienne, a en fait été mis en scène par les forces américaines qui ont abattu la statue avec un blindé. Le sauvetage du soldat Jessica Lynch, que les GI venaient extraire des griffes de l'ennemi, dans l'hôpital Saddam de Nassiriyah, le 1er avril, a également été « monté » par le Pentagone[1]. Les témoins interrogés par la BBC, puis par l'agence Associated Press, ont assuré qu'aucun soldat irakien ne se trouvait sur les lieux et que personne ne pouvait donc s'opposer au « sauvetage » de Jessica[2] !

Parallèlement, une stratégie délibérée contre la France a été construite : une information publiée en septembre 2002 par le *New York Times* concernant des ventes d'armes françaises à l'Irak et une autre du *Washington Post* de novembre 2002 affirmant que la France possède des souches du virus de la variole. Sont aussi mentionnés des articles du *Washington Times* selon lesquels Paris aurait accordé des passeports à des responsables du régime de Saddam pour qu'ils puissent quitter l'Irak. Tout cela est faux. Mais le mal est fait, même si la France a démenti[3].

Les États-Unis font ce qu'il faut pour conquérir les marchés mondiaux, y compris par des méthodes contestables ou franchement déloyales ayant peu de chose à voir avec la libre concurrence. Certaines des méthodes utilisées par l'administration américaine pour soutenir ses entreprises s'inspirent de savoir-faire

1. Pascal Riche et Fabrice Rousselot, « Images, des scènes fabriquées », *Libération*, samedi 7 juin 2003, p. 3.

2. Les médecins de l'hôpital ont révélé qu'ils avaient proposé aux GI de leur donner les clés de l'hôpital, mais que ces derniers avaient refusé, préférant ouvrir les portes à coups de pied (Pascal Riche et Fabrice Rousselot, « Images, des scènes fabriquées », *art. cit.*

3. *Cf.* propos tenu par le correspondant d'Europe 1 à Washington, France 5, émission « C'est dans l'air », « États-Unis : la France accusée », 23 mai 2003.

provenant du monde des opérations clandestines, même si la filiation avec eux est rarement évoquée. Une interaction aussi étroite entre les services de renseignement gouvernementaux et l'activité internationale des entreprises privées est une dérive grave dans la pratique des affaires. Elle encourage, *de facto*, le recours, de la part des concurrents des États-Unis, à des pratiques similaires.

Conclusion

Que l'Europe prenne sa place !

« Jamais dans l'histoire une grande puissance n'a eu, dans le monde, un poids aussi considérable que les États-Unis aujourd'hui. (...) L'hyperpuissance américaine est extraordinaire de santé économique, de capacité de création, d'esprit d'entreprise, de créativité et de réactivité. Force est de constater en effet que les États-Unis ont tout : la capacité de recherche, la capacité de progrès technologique, la capacité d'innovation, la discipline, l'esprit d'entreprise. (...) Tout ceci s'accompagne d'un consensus social absolument unique. Il n'est pas d'autre grande puissance économique au monde qui jouisse d'une telle situation sociale, d'une telle foi dans les valeurs qui fondent l'Amérique, d'une telle autodiscipline dans l'application du credo national[1]. »

1. François Bujon de L'Estang, actes du colloque *L'Amérique telle qu'elle est dans les relations économiques internationales*, organisé par le Comité national des conseillers du commerce extérieur de la France, Paris, 4 décembre 2003, p. 11.

Une supériorité méritée

La puissance des États-Unis est aujourd'hui sans équivalent car elle réunit tous les pouvoirs. Leur force militaire, le dynamisme de leur économie et la maîtrise des technologies de l'information et de la communication leur permettent de surveiller, d'influer et d'intervenir partout sur la planète. Leur domination sur le commerce international est indiscutée. Elle est due à leurs immenses capacités de production, à leurs efforts en matière de recherche et développement, à leur politique monétaire et budgétaire, à l'appui commercial, réglementaire et culturel de l'État à l'international et, d'une manière générale, au cadre entrepreneurial qu'il offre et qui permet l'attrait et l'expression des talents les plus divers.

Cette suprématie américaine n'est pas imméritée. Elle relève fondamentalement d'une volonté politique forte et soutenue de puissance ainsi que d'une adhésion de la majorité de la population à ces buts collectifs. Elle repose largement sur la faculté d'initiative des citoyens mêlée à leur sens de la discipline, sur leur capacité à s'élever au-dessus de la quiétude quotidienne, sur leur sens d'une mission à accomplir dans l'univers. Cela rappelle à la fois la mentalité entreprenante héritée des pionniers de la conquête de l'Ouest et les contenus spirituels et pragmatiques inculqués par la culture protestante. Les générations qui se sont succédé ont su construire un État libre et dynamique dont le succès inspire le respect. De même, la conjugaison des efforts de l'État, des entreprises, des organisations non gouvernementales et des *Think Tanks* est frappante. Ce jeu collectif se fonde sur des valeurs communes transportées par presque tout citoyen américain, même critique envers son pays. C'est ce qu'on appelle le patriotisme. Les États-Unis méritent par leurs efforts et leur créativité dans tous les domaines le niveau de vie et le statut de superpuissance dont ils jouissent.

« Nous avons, dans ce domaine, des leçons à prendre de la manière dont les Américains, individuellement et collectivement, voient l'avenir, c'est-à-dire avec confiance. Ceci tient à une raison simple : ils ont confiance en eux, individuellement et collectivement. C'est tout le problème que nous avons, plus généralement, en Europe : recréer ce climat de confiance, qui passe par le sentiment de la responsabilité de chacun vis-à-vis de sa propre vie[1]. »

Nous ne croyons pas en une vision purement introvertie des élites américaines. Il est aisé – et prisé en Europe – de gloser sur leur prétendue inculture du monde. Les élites américaines réfléchissent sans cesse et produisent des idées afin de prolonger la situation historique que connaissent les États-Unis depuis cinquante ans. Leur action prouve que leur intelligence – à tous les sens du terme – de ce monde est suffisante pour leur avoir permis d'en déceler les lignes de force à travailler. La capacité de comprendre et de mettre en œuvre des liens plus que jamais puissants entre économie, recherche, culture et poli-

1. Francis Mer, ex-ministre de l'Économie, des Finances et de l'Industrie, actes du colloque *L'Amérique telle qu'elle est dans les relations économiques internationales*, organisé par le Comité national des conseillers du commerce extérieur de la France, Paris, 4 décembre 2003, p. 36.

tique démontre une analyse pertinente des nouvelles réalités de la mondialisation, quelque jugement que l'on puisse porter sur leur contenu. Beaucoup de dirigeants américains considèrent que c'est au XXIe siècle que les États-Unis seront au faîte de leur prééminence.

Cependant, il ne faut pas tomber dans l'excès qui consisterait à imaginer une magnifique mécanique à l'organisation parfaite, prête à tout broyer sur son passage. Des contre-pouvoirs existent aux États-Unis. Les entreprises sont souvent opposées à des mesures prises pour des raisons de politique extérieure ou intérieure, comme les embargos. Les ONG contestent comme ailleurs. La presse y est souvent féroce avec les gouvernants. Le poids parfois démesuré des lobbies y est régulièrement mis en lumière. Les États-Unis sont un pays composite qu'il n'est aisé ni d'expliquer ni de prévoir mais qui, jusqu'à présent, est porté malgré ses oppositions internes par un consensus efficace sur l'expansion économique internationale.

Une prééminence qui inquiète les autres nations

Unique superpuissance militaire, économique et technologique de cette fin de siècle, l'Amérique est de plus en plus engagée dans une logique dominatrice faute de *sparring partner* à son échelle. Les États-Unis sont aujourd'hui perçus comme s'érigeant en responsables du destin de l'humanité et comme cherchant à façonner le monde à leur image. Ce qui est certain, c'est qu'ils souhaitent, à travers la mondialisation, propager à l'ensemble de la planète leur propre modèle de société. Leurs dirigeants disent conduire une politique bienveillante – les valeurs américaines étant celles, universelles, de la démocratie et des Lumières – et se considèrent comme la première superpuissance « non impérialiste ». La tendance politique de l'administration n'y change rien. À quelques nuances près, démocrates et républicains partagent la même vision du monde. Mais ce pouvoir qui n'est responsable devant personne risque de provoquer des déséquilibres dangereux pour l'ordre international et de sérieux chocs en retour.

Deux éléments ressortent de l'analyse de la stratégie américaine de domination économique. D'une part, de remarquables initiatives pour promouvoir leurs intérêts et imposer leurs règles, ce dont on ne saurait leur faire reproche. D'autre part, la multiplication de dérives éthiques et de pratiques déloyales dangereuses pour les échanges internationaux. Les États-Unis provoquent la perversion des mœurs commerciales internationales en développant de tels comportements. Cette volonté de promotion de leurs intérêts à tout prix – y compris celui de l'élimination de l'autre, ou de ses spécificités – est dangereuse pour le monde. Dès lors, les États-Unis ne doivent pas s'étonner des réactions lorsque cette politique et ces pratiques viennent attenter aux intérêts de leurs concurrents.

Les États-Unis qui ont émergé de la Guerre froide, « sûrs d'eux-mêmes et dominateurs », inquiètent désormais. À travers leur volonté de globalisation, ils sont perçus comme remettant en cause les fondements du droit, de la souveraineté du système interétatique, voire du statut de la raison face à l'arbitraire de la force. De plus en plus fréquemment, l'Amérique prend, vis-à-vis des règles qu'elle contribue elle-même à faire adopter au plan international, une liberté critiquable lorsqu'il lui semble que ses intérêts le commandent.

Aujourd'hui, ce phénomène s'amplifie car il est accentué par la lutte contre le terrorisme islamique dans laquelle Washington s'est engagé avec une détermination implacable. Que celle-ci soit légitime et indispensable ne fait aucun doute. À ce titre, tous ceux qui défendent les valeurs démocratiques doivent s'y engager. Cependant, certaines de ses modalités – notamment l'intervention en Irak – sont plus que discutables et leurs conséquences auront des répercussions sur le monde entier et à long terme. Par ailleurs, sous le prétexte de la lutte contre Al-Qaeda, les opérations américaines d'expansion économique se poursuivent sur tous les marchés et dans tous les secteurs économiques. Elles s'accompagnent d'un nouveau terrorisme intellectuel qui accuse d'antiaméricanisme primaire ceux qui cherchent à rappeler cette vérité.

Ainsi, la globalisation pourrait devenir synonyme d'une américanisation du monde. On tend vers l'uniformisation culturelle, vers la généralisation de l'anglo-américain comme langue de travail. Face à de telles pratiques, que peuvent les États les plus fragiles et leurs entreprises ? Quel décideur, quel gouvernement ne cherchera pas à éviter de tomber sous la dépendance ? La faiblesse de cette nouvelle stratégie de domination réside dans sa force même, c'est-à-dire dans sa très perceptible nature de rouleau compresseur. C'est en partie l'exagération dans cette approche de la mondialisation qui provoque aujourd'hui des oppositions si virulentes tout autour du globe, qui mobilise des foules de toutes nationalités pour la décrier et qui a donné naissance à des contestations d'une forme nouvelle.

La renaissance de l'antiaméricanisme

Le paradoxe est que les Américains comprennent rarement pourquoi ils déclenchent des vagues d'antiaméricanisme. L'antiaméricanisme est un phénomène réel et répandu. Il a des origines à fois irrationnelles et fondées. En 1997, à l'occasion d'un sondage réalisé à Harvard auprès d'étudiants étrangers y effectuant leur scolarité, il est apparu que les deux tiers considéraient que les États-Unis étaient une menace pour leur société par leur impérialisme financier et leur « colonialisme culturel ». Par ailleurs, les raisons pour l'opinion internationale de critiquer les États-Unis sont nombreuses : refus de ratifier le traité interdisant les mines antipersonnel, le protocole de Kyoto ou le traité instituant la Cour pénale internationale, intervention en Irak, pressions pour implanter les entreprises américaines, etc. Il en ressort l'impression générale, comme le notait récemment l'historien américain Paul Kennedy, que les Américains « n'ont que faire de ce que le monde pense ». Leur décision d'intervenir en Irak sans aval de l'ONU en est évidemment une nouvelle illustration[1].

1. Christian Blanckaert, « Conclusion », in Bruno Durieux et Patrick Messerlin, *Relation commerciales France-États-Unis...*, *op. cit.*, p. 253.

Une des erreurs les plus évidentes de Washington dans la gestion diplomatique de l'après-11 septembre a été l'incapacité d'utiliser ou de maintenir le capital de sympathie apparu en Europe après les attentats. Les offres européennes – notamment dans le domaine militaire – n'étaient peut-être pas à la hauteur de leurs espérances, mais elles auraient pu faire l'objet de plus de considération pour cimenter la coalition. Les connaissances des Européens dans le domaine du terrorisme auraient pu être mises en valeur. Le discours sur l'état de l'Union aurait pu comporter un mot sur les alliés. Enfin, tout simplement, il n'était pas nécessaire d'attendre le 11 mars 2002 pour les remercier publiquement[1].

Des différends plus graves que des blessures d'amour-propre compliquèrent aussi rapidement la relation transatlantique après le 11 septembre. Tout d'abord, le refus de faire pression sur Tel-Aviv pour parvenir à un règlement du conflit israélo-palestinien a donné lieu à une profonde incompréhension en Europe. Ensuite, alors que le sentiment avait d'abord prévalu que ces attaques, suivies des résolutions adoptées aux Nations unies, ouvraient une nouvelle ère pour la coopération transatlantique, il a vite fallu se rendre à l'évidence. Elles ont très largement eu

1. Il s'agit du discours du président Bush six mois après les attentats. Les Britanniques n'ont pas eu droit à un traitement de faveur. C'est à peine s'ils ont été remerciés pour les opérations particulièrement dangereuses auxquelles ils ont participé en décembre 2001 dans les montagnes de Tora Bora et en mars 2002 lors de l'opération Anaconda. Quant aux avions et navires français ou aux forces spéciales allemandes, il n'en a pratiquement pas été question dans la presse américaine.

l'effet inverse en renforçant à Washington, après la rapide victoire des forces américaines en Irak, le sentiment qu'il fallait garantir à tout prix la liberté d'action et la souveraineté américaines. La faible participation européenne aux actions militaires a en outre convaincu l'Amérique qu'elle était seule capable et seule décidée à mener cette guerre longue et difficile contre le terrorisme[1].

La nécessaire réaction européenne

L'Europe est aujourd'hui la seule puissance qui dispose du poids économique et des élites pour constituer un interlocuteur de la taille des États-Unis. Malheureusement elle n'en a pas le poids politique, ses élites n'en ont pas la volonté et, pis, l'on observe qu'elles ne sont peut-être pas formées aux jeux difficiles de la mondialisation. Ce dernier constat concerne hélas beaucoup les élites françaises. La France se fait entendre politiquement et compte des résultats très honorables à l'exportation mais n'arrive pas à proposer ses modèles juridiques et de société dans l'élaboration des normes européennes et mondiales. De leur côté, Britanniques, Latins, Nordiques et, de plus en plus, Allemands paraissent plus à l'aise dans ces jeux d'influence. Pourtant cet ensemble ne constitue pas un poids européen apte à équilibrer la force américaine. Avec l'arrivée des dix nouveaux entrants en 2004, l'on peut s'interroger non seule-

1. Thérèse Delpech, « Le Terrorisme international et l'Europe », *Les Cahiers de Chaillot*, n° 56, décembre 2002, Institut d'études de sécurité de l'Union européenne, pp. 10-11.

ment sur le moment où cet équilibre sera atteint mais aussi sur la possibilité même qu'il le soit.

Nous sommes liés avec les États-Unis dans la nécessité de faire prévaloir la démocratie et le respect de la liberté de l'individu ; nous partageons les mêmes valeurs fondées sur le droit et les droits de l'homme. Ce sont des valeurs qui régissent également l'action des organisations internationales et dont les démocraties souhaitent qu'elles deviennent la référence du fonctionnement du nouveau monde globalisé. Nous sommes également liés avec les États-Unis devant le danger de l'islam radical recourant au terrorisme, comme nous l'avons été dans le passé face aux totalitarismes nazi et communiste. Cette fois l'Europe pourrait autant apporter aux États-Unis qu'inversement, elle pourrait même lui être indispensable. Promouvoir les valeurs du droit et des droits face à d'autres, qui peuvent apparaître plus « tentantes » pour diverses raisons, n'est en effet pas chose aisée dans certains pays, où l'Europe pourrait parfois mieux se faire entendre.

Cela n'est pas vrai que dans la sphère politique. C'est également le cas dans l'organisation économique de la mondialisation. De nouvelles idées, des concepts sont indispensables, au-delà des échanges de vues dans les conférences sur le développement. Il se trouve que l'Europe a acquis une pratique historique de l'association difficile du fonctionnement démocratique, de la liberté de marché et d'un développement des droits sociaux à un niveau inégalé. Ces références lui donnent toute légitimité pour formuler et défendre des propositions pour le fonctionnement de la nouvelle société mondiale.

Les États-Unis développent aussi des réflexions de ce type. Mais ils n'auraient pas trop de la collaboration des Européens pour éviter un certain nombre de dérives, volontaires ou non, que peut susciter leur superpuissance et, tout simplement, pour équilibrer les visions. Par ailleurs, l'Europe ne peut souscrire les yeux fermés à des priorités fixées par d'autres. Il lui appartient – et à la France en Europe – de faire valoir ses spécificités adaptables à la mondialisation. Il lui appartient aussi de reconnaître avec honnêteté les apports américains.

Quant aux méthodes à mettre en place, inspirons-nous de l'exemple américain sans le copier. Une des forces des Américains est de savoir agir de concert sans se concerter. Leur communauté d'inspiration rend inutile la conspiration. S'il est un seul exemple à reproduire c'est celui-ci, déjà au niveau français puis, peu à peu, à l'échelon européen. Pour le reste, soyons capables, entre Européens, à travers nos diverses entreprises, sociétés civiles et États, d'élaborer des contenus opérationnels pour la construction des règles du jeu mondiales. Il en va de notre croissance économique et de notre propre niveau de développement à terme.

Si discours européen ne signifie pas discours antiaméricain, il ne doit pas être non plus synonyme de proaméricain. La mondialisation en cours de formatage requerrait un discours commun, une présence régulière et des apports d'idées autonomes de la part des Quinze puis des Vingt-Cinq dans toutes les institutions sensibles : institutions spécialisées de l'ONU, institutions financières internationales, programmes des Nations unies, OCDE. De ce point de vue, l'exemple de l'OMC est à développer. Il illustre la capacité des Européens à élaborer puis à présenter d'une voix unique un message qui pourrait porter, par exemple, sur les conditions de l'aide au développement, sur la clarification des processus de décision dans les organisations internationales, sur la définition des normes internationales, etc. Dans certains cas, il serait d'ailleurs identique au discours américain mais avec des sensibilités différentes qui permettraient sans doute une plus large adhésion. Dans d'autres, il serait différent, mais, exprimé avec la « force tranquille » d'un partenaire de même taille, il aurait à coup sûr plus d'impact. Un tel comportement, positif et pas seulement défensif ou accusateur, serait applaudi par beaucoup de pays dans le monde.

Mais, en Europe, une telle prise de conscience n'est pas encore advenue et les observateurs commencent à mesurer l'ampleur du décalage entre les deux rives de l'Atlantique. Sommes-nous capables de nous doter de stratégies semblables à celles des Américains ? Il est clair que nous avons beaucoup de mal et qu'il reste du chemin à parcourir.

Annexes

Orientations bibliographiques

Alexandre Adler, *L'Odyssée américaine*, Grasset, juin 2004.

Zbigniew Brzezinski, *Le Grand Échiquier. L'Amérique et le reste du monde*, Hachette, coll. « Pluriel », 1997.

Duncan Campbell, *Surveillance électronique planétaire*, Allia, Paris, 2001.

Pascal Chaigneau (dir.), *La Gestion des risques internationaux*, Economica, 2001.

Bruno Durieux et Patrick Messerlin, *Relations commerciales France-États-Unis. L'Amérique telle qu'elle est,* CCE/Éditions d'Organisation, 2003.

Bernard Esambert, *La Guerre économique mondiale*, Olivier Orban, 1991.

Ludovic François (dir.), *Business sous influence*, collectif, Éditions d'Organisation, Paris, 2004.

Jean Guisnel, *Guerres dans le cyberespace. Services secrets et Internet*, La Découverte, 1995.

Pierre Hassner et Justin Vaïsse, *Washington et le monde*, CERI/Autrement, Paris, avril 2003.

Philippe d'Hugue, *L'Envahisseur américain : Hollywood contre Billancourt,* Favre, Lausanne, 1999.

Robert D. Kaplan, *La Stratégie du guerrier, de l'éthique païenne dans l'art de gouverner,* Bayard, avril 2003.

Rémi Kauffer, *L'Arme de la désinformation : les multinationales américaines en guerre contre l'Europe*, Grasset, 1999.

Edward N. Luttwak, *Le Rêve américain en danger*, Odile Jacob, 1995.

Jim MacNeill, Pieter Winsemius et Taizo Yakushiji, *Beyond Interdependence*, Oxford University Press, 1991.

Joseph Nye, *The Paradox of American Power – Why the World's Only Superpower Can't Go It Alone,* Oxford University Press, New York, 2002

Philippe Paraire, *Le « Village-Monde » et son château*, Le Temps des cerises, avril 1995.

Jacques Soppelsa, *10 mythes pour l'Amérique*, Ellipses, 1997.

Jean-François Tacheau, *Stratégies d'expansion du nouvel empire global,* L'Âge d'homme, Lausanne, 2001.

Frédéric Teulon, *La Nouvelle Économie mondiale*, PUF, 1997.

Glossaire

Africa Growth and Opportunity Act (AGOA) : lois cadres (AGOA I, II et III) d'encouragement et soutien aux relations commerciales entre les États-Unis et les pays d'Afrique.

American Presence Posts (APP) : services économiques américains décentralisés dans les régions des pays étrangers.

Banque Africaine de Développement (BAfD) : banque régionale de développement pour l'Afrique (Tunis).

Big Emerging Markets (BEM) : pays émergents prioritaires dans la politique américaine de soutien aux exportations.

BERD : Banque européenne de reconstruction et de développement, Londres.

Bureau International du Travail (BIT) : institution spécialisée des Nations unies dédiée aux droits sociaux et du travail (Genève).

Committee on Foreign Investment in the United States (CFIUS) : organe gouvernemental américain d'examen des investissements étrangers dans des secteurs sensibles.

CNUDCI : Commission des Nations unies pour le Droit Commercial International (UNCITRAL en anglais), Vienne.

Fédération Internationale des Ingénieurs-Conseils (FIDIC) : organisme professionnel international des ingénieurs-conseils.

Fonds Monétaire International (FMI) : institution créée en 1944 par les accords de Bretton Woods pour veiller à la stabilité économique et monétaire internationale.

Foreign Corrupt Practice Act (FCPA) : loi américaine anticorruption d'agent public étranger datant de 1977.

Foreign Sales Corporations (FSC) : mécanisme de déductibilité fiscale d'une partie des bénéfices réalisés à l'export par les filiales des sociétés américaines.

Farms and Foreign Agriculture Services (FAS) : agents du département de l'Agriculture américaine en poste à l'étranger, chargés de promouvoir les exportations agricoles américaines.

FTAA (Free Trade Agreement of the Americas) : Zone de libre-échange des Amériques.

General Agreement on Tariffs and Trade (GATT) : ancêtre de l'OMC, constitué en 1947.

GAO (Government Accounting Office) : organisme chargé du contrôle des dépenses de l'administration américaine. Équivalent américain de la Cour des comptes.

International Trade Administration (ITA) : principale administration du département du Commerce.

International Development Aid (IDA) : partie de la Banque mondiale qui gère l'aide aux pays les plus pauvres.

International Accounting Standards Board (IASB) : organe privé de normalisation comptable internationale.

International Chamber of Commerce (ICC) : organisation privée mondiale siégeant à Paris, constituée de chapitres nationaux rassemblant les entreprises locales.

National Counter Intelligence Center (NCCIC) : Centre National de Lutte contre l'Espionnage Étranger.

National Security Agency : principal organisme de renseignement américain (plus de 100 000 personnes), chargé de l'interception des communications mondiales, de leur déchiffrement et de la sécurité des communications du gouvernement des États-Unis.

National Economic Council (NEC) : conseil créé en 1993 auprès du président des États-Unis pour coordonner et suivre les grandes décisions économiques nationales et internationales.

National Security Council (NSC) : conseil créé en 1947, qui a pour fonction de conseiller le Président sur les questions de sécurité nationale et de politique étrangère.

National Foreign Trade Council (NFTC) : association de grandes entreprises exportatrices américaines.

National Association of Manufacturers (NAM) : association des grandes entreprises américaines.

New Partnership for Africa's Development (NEPAD) : initiative des présidents M'Beki et Wade lancée en 2001 pour la croissance de l'Afrique par le partenariat avec le secteur privé.

Office of Foreign Disaster Assistance (OFDA) : service chargé d'apporter, partout dans le monde, une assistance aux États victimes de catastrophes naturelles.

Organisation pour l'Harmonisation en Afrique du Droit des Affaires (OHADA) : organisme régional créé en 1993 par 16 pays africains francophones pour établir un corpus de règles juridiques communes en Afrique.

Organisation Mondiale du Commerce (OMC) : institution internationale intergouvernementale créée en 1996, qui a pris la suite du GATT pour réguler le commerce international.

Overseas Private Investment Corporation (OPIC) : organisme public américain de soutien aux investissements internationaux.

Peace Corps : organisme humanitaire américain, très lié à l'État fédéral, qui intervient sur des projets de reconstruction et de développement dans les pays touchés par un conflit.

Passengers Name Records (PNR) : liste des renseignements sur leurs passagers que toutes les compagnies aériennes desservant les États-Unis doivent fournir aux autorités américaines depuis le 11 septembre 2001.

Patriot Act : texte de loi consécutif aux attentats du 11 septembre 2001, qui définit un nouveau cadre juridique et législatif afin de conduire la lutte contre le terrorisme international.

Programme des Nations unies pour l'Environnement (PNUE) : programme de l'ONU siégeant à Nairobi, Paris et Osaka (UNEP en anglais).

Sigint : contraction de Signal Intelligence : renseignement obtenu via les interceptions des communications (téléphone, fax, Internet, etc.).

SIVAM : projet de surveillance électronique de l'Amazonie afin de lutter contre les catastrophes naturelles et les activités criminelles (déforestation sauvage, trafic d'essences végétales rares, trafic de drogue, etc.).

Small and Business Administration (SBA) : organe national américain de soutien aux PME

Soft Law : ensemble de règles informelles non assorties de sanctions mais néanmoins contraignantes.

Trade Compliance Center : organe du département du Commerce qui recueille les plaintes des exportateurs américains sur leur traitement dans les pays étrangers.

Trade Promotion Coordinating Committee (TPCC) : organe stratégique américain d'orientation et de coordination du soutien étatique aux entreprises à l'international.

US Export-Import Bank (EximBank) : banque publique américaine de soutien à l'exportation.

US Trade Representative (USTR) : haut fonctionnaire américain de rang ministériel chargé du commerce international.

US Agency for International Development (USAID) : agence américaine d'aide au développement.

US Trade and Development Agency (TDA) : agence gouvernementale pour le commerce et le développement dans les pays émergents.

USACE (US Army Corps of Engineers) : corps créé en 1802, composé en majorité de civils travaillant sous les ordres de l'armée américaine dans les pays en reconstruction.

United States Information Service (USIS) : organisme présent dans toutes les ambassades américaines, chargé de fournir des informations relatives aux États-Unis à des correspondants locaux de toute nature (presse, unviersitaires, politiques, etc.). Il est l'héritier de l'Office of War Information de la Seconde Guerre mondiale.

Table des matières

2

Fondements et lignes de force de la stratégie de puissance américaine

3

Une nouvelle dynamique : l'*Advocacy Policy*

4

En amont des marchés : l'influence

5

L'Afrique, laboratoire de l'influence américaine

6

L'utilisation défensive du droit

7

La neutralisation de l'Europe et le contrôle du Moyen-Orient

Cet ouvrage a été imprimé par

FIRMIN DIDOT

GROUPE CPI

Mesnil-sur-l'Estrée

pour le compte des Éditions Robert Laffont
24, avenue Marceau, 75008 Paris
en mars 2005